**교회의 미래,
어린이 안에
다 있다**

교회의 미래,
어린이 안에 다 있다

ⓒ 생명의말씀사 2018

2018년 1월 3일 1판 1쇄 발행
2024년 8월 27일   7쇄 발행

펴낸이 | 김창영
펴낸곳 | 생명의말씀사

등록 | 1962. 1. 10. No.300-1962-1
주소 | 서울시 종로구 경희궁1길 6 (03176)
전화 | 02)738-6555(본사) · 02)3159-7979(영업)
팩스 | 02)739-3824(본사) · 080-022-8585(영업)

지은이 | 이병렬

기획편집 | 서정희, 김세나
디자인 | 김혜진
인쇄 | 주손디앤피
제본 | 주손디앤피

ISBN 978-89-04-07140-1 (03230)

저작권자의 허락 없이 이 책의 일부 또는 전체를
무단 복제, 전재, 발췌하면 저작권법에 의해 처벌을 받습니다.

교회의 미래, 어린이 안에 다 있다

children

이 병 렬 지음

CONTENTS

추천사 | 8
머리말 다음세대를 위한 골든타임, 놓칠 수 없다! | 14

PART

쉬지 않는
기도로 이루어진
그날의 기적!

"유년주일학교를 하라구요? 그것도 천 명을?…"

1. 기적의 날, 현재도 여전히 진행형이다 | 23
2. 왜 하필 거창이었을까? | 29
3. 기도밖엔 다른 길이 없다 | 35
4. 유년주일학교 5명에서 시작된 기적 | 40
5. 유년주일학교가 교회 전체를 변화시키다 | 47

● **기자가 들려주는 왁자지껄 거창중앙교회의 생생한 이야기** | 53
  - 왁자지껄 주일학교, 즐겁게 몸에 밴 성숙
  - 거창중앙교회 주일학교의 저력, 불꽃목자
  - 교사들의 전천후 사역

2 PART

한 명의
어린 영혼으로부터
시작되는 부흥

"누구든지 내 이름으로 어린아이 하나를 영접하면…"

1. 하나님의 심정으로 어린이를 영접하는 교회가 있는가? | 67
2. 왜 어린아이에 주목해야 하는가? | 73
3. 아이들의 마음에 말씀의 레일을 놓아라 | 79
4. 아이들, 교회를 살리는 킹핀이다 | 85
5. 다음세대 사역을 넘어선 은혜의 보너스 | 91

- **교사가 들려주는 왁자지껄 거창중앙교회의 생생한 이야기** | 100
  – 선생님, 혹시 교회에서 돈 받으세요?

3 PART

다음 세대를 세우는
부흥의 원리

"기적의 주일학교를 만드는 일곱 개의 기둥"

- 일곱 개의 기둥이란? | 107

1. '예수생명' 기둥
   - 모든 사역의 시작과 목표, 복음의 핵심! | 112
2. '무학년제' 기둥
   - 한번 영적인 자녀로 품었다면, 끝까지! | 117
3. '전성도의 교사화' 기둥
   - 예외 없이, 누구든지 교사가 된다 | 125
4. '전자원의 집중화' 기둥
   - 다음세대 사역에 모든 힘을 집중시키다 | 134
5. '불꽃목자' 기둥
   - 예수님의 뒤를 따라가며 헌신하는 작은 예수들 | 140
6. '예다미 훈련' 기둥
   - 예수님의 성품을 본받는 아이 | 148
7. '참된 예배자' 기둥
   - 예배의 참된 의미를 깨닫는 아이들 | 167

- 어린이들이 들려주는 왁자지껄 거창중앙교회의 생생한 이야기 | 170

PART 4

사역의 원동력,
하나님의 지혜

"일곱 기둥을 성공적으로 움직이게 하는 성경적 노하우"

1. 눈물로 시작하고 감동으로 섬기라 | 177
2. 마음을 합하고 각자 가진 은사로 헌신하라 | 183
3. 한 아이로부터 퍼지는 복음의 확장을 기대하라 | 188
4. 부모와 교사가 연합하여 힘을 모으라 | 194
5. 기도로 항상 하나님께 답을 얻어라 | 200

● **탐방 교회가 들려주는 왁자지껄 거창중앙교회의 생생한 이야기** | 204
　　- 거창중앙교회는 단순히 교회에 다니기만 하는 아이들을 키우지 않는다

특별 부록 _ 이병렬 목사의 감동 코칭 Q&A | 213

추천사 children

다음세대를 위한 복음 전도의 사역이
활짝 꽃피게 되기를 바란다

최근에 신학교의 제자였던 이병렬 목사님이 경남 거창 읍내, 거창중앙 교회에서 어린이를 위한 복음전도 사역에 큰 성과를 이루고 있다는 기쁜 소식을 들으며, 참으로 반갑고 고마운 마음이 들었다. 지난 여름 '한국코메니우스연구소'가 개최한 '목회자컨퍼런스(제2회)'에 강사로 오셔서, 다음세대를 위한 어린이복음전도사역을 성공적으로 진행하고 있는 목사님의 경험과 그 일들에 대한 많은 간증을 들려 주셨다. 목사님은 열정적인 모습으로 현재 진행하고 있는 어린이복음전도사역에 관한 소식을 자세하게 알려주었고, 목회자컨퍼런스에 참여한 100여 명의 목사님들이 큰 도전과 감동과 은혜를 받기도 하였다.

이 목사님은 지금 거창 읍내에 있는 4개의 초등학교 어린이들에게 복음을 적극적으로 전하여, 그 학교들에서 약 50%의 학생들을 복음화시키는 놀라운 성과를 이루게 되었다. 부임 초기 5명이던 거창중앙교회 주일학교는 오늘날 약 1,000여 명의 학생들이 출입하며 예배와 성경공부에 참여하고 있다. 기독인으로서의 신앙과 예수님의 성품을 배우고 있다는 소식은 참으로 놀라운 소식이라 하지 않을 수가 없다. 목사님은 생면부지의 경남 거창에 있는 교회에서 하나님의 부름을 받고, 중년을 훨씬 넘어선 나이에도 다음세대의 주인공들인 어린이들에게 복음을 전하는 사명과 열정을 가지고, 지금도 열정적으로 일하고 계시다는 소식은 우리

하나님의 놀라운 은혜와 섭리의 역사가 아닐 수 없다는 생각을 해 본다. 나는 이와 같이 어린이복음전도사역에 최선을 다하고 있는 목사님의 열정과 헌신에 찬사를 보내지 않을 수가 없다. 지금까지 총신에서 수없이 많은 목사 후보생들을 길러냈지만, 어린이 사역에 헌신하는 목자를 그리 많이 만나지 못했다. 하지만 이병렬 목사님은 아이를 사랑하는 특별한 은사를 받은 것이 분명하며, 한국교회의 내일과 세계교회의 미래에 하나님 나라를 세우는 일에 온 정렬을 쏟고 있는 것이 놀랍고 그저 고마울 뿐이다.

이병렬 목사님은 다음세대를 위한 복음 사역의 불꽃이 이제 다른 곳에서도 일어나고, 그 일에 한국교회가 새롭게 눈뜨게 되기를 바라는 마음으로, 지난 15년 동안 애쓰고 힘써 왔던 어린이복음사역의 노하우를 여러 한국교회의 동역자들에게 나누고자 『교회의 미래, 어린이 안에 다 있다』라는 제목의 책을 출판하게 되었다. 책 제목이 참으로 특이하다. 책 속에 있는 내용대로 오래도록 어린이 사역에 집중했더니 목회 전반에 좋은 열매를 보게 되었다는 의미와, 아이들 속에 있는 잠재 능력이 꽃 피워지기를 염원하는 뜻과, 그리고 그 아이들이 한국교회와 하나님 나라의 미래요, 세계교회의 기대와 희망이라는 것을 뜻하는 제목이 분명하다. 아무쪼록 이 책이 많은 목회자들과 평신도교사들에게 읽혀 곳곳에서 다음세대를 위한 복음 전도의 사역이 활짝 꽃피게 되는 일에 큰 도움이 되기를 바란다.

_ **정일웅 박사** (전 총신대 총장, 현 한국코메니우스연구소 소장)

주일학교를 포기하면 한국교회의 미래는 없다

한국교회가 위기다. 절체절명의 위기다. 이대로 가면, 앞으로 20~30년 이내에 90%의 한국교회에서 주일학교가 사라질 수 있다. 무너지고 있는 한국교회를 다시 일으키려면 참으로 많은 일이 필요하다. 하지만 수많은 일들 중에서 가장 급하고 동시에 가장 중요한 일은 주일학교를 다시 세우는 것이다. 이 역시 쉬운 일이 아니지만, 포기할 수 없다. 주일학교를 포기하면 한국교회의 미래는 없다.

주일학교는 복잡하고 난해한 한국교회 위기를 명쾌하게 해결할 킹핀(king pin)이다. 어린이 안에 한국교회의 모든 것이 다 있다. 이것이 하나님의 마음이다. 실제로 하나님께서는 불가능을 외치는 우리에게 반전의 역사를 보여주고 계신다. 서쪽으로는 덕유산, 동쪽으로는 가야산이 둘러싼 심심산골 경남 거창에서 어린이 5명에서 15년 만에 1,000명이 출입하는 교회로 만든 놀라운 현장! 바로 거창중앙교회 이야기다.

이 책은 무너져 가는 한국교회를 다시 일으켜 세우시기 위해 하나님께서 거창이라는 산골에서 일으키신 위대한 역사와 전략을 기록한 내용이다. 이병렬 목사님은 거창이라는 독특한 환경 속에서 벽에 부딪친 목회의 길을 타개하기 위해 하나님 앞에 처절하게 기도하면서 다음세대 사역으로 목회 중심을 대전환했다. 주일학교를 일으켜 세우기 위해 성도들과 다음세대의 비전을 공유하며 모든 성도들의 마음 밭에 주일학교 사역에 대한 꿈을 뿌리는 데 집중했다. 옛 생각과 관습의 단단한 껍질에서 벗어나 거창의 모든 어린이들을 위해 기도하며 다음세대 비전에 맞춰 모든 힘과 지혜를 집중하였고 '예수생명, 무학년제, 전성도의 교사화, 전자원의 집중화, 불꽃목자, 예다미 성품훈련, 참된 예배자'라는 7개의 기둥을 세워갔다. 이 책은 이렇게 어렵게만 보였던 문제들을 하나둘씩 해결하며 기적을 일구어 간 지난 15년간의 이야기를 기록했다.

물론 이 책의 이야기는 한 목회자의 영웅담이 아니다. 오로지 주일학교 부흥을 통해 한국교회를 다시 세우고자 하시는 하나님의 역사와 전략의 기록이다. 이 책을 읽는 독자는 한 목회자, 한 교회의 무용담에만 귀를 기울이면 안 된다. 가장 어려운 곳에서, 가장 연약한 이들을 통해 놀라운 일을 하시는 하나님께 귀를 기울여야 한다. 그리고 이렇게 외쳐야 한다. "하나님이 우리를 통해서도 같은 일을 하실 수 있다!"

_ **최윤식 박사** (미래학자, 아시아미래인재연구소 소장)

소망은 우리를 결코 실망시키지 않는다

유펜의 설립자 벤자민 프랭클린은 "당신이 25살에 희망을 포기하고 85살에 죽었다면 당신이 25살에 죽고 60년을 시체로 살다가 85살에 장례식을 한 것과 같다"고 말했다. 성경은 "꿈이 없는 백성은 망한다. 그러므로 소망은 우리를 결코 실망시키지 않는다"(롬 5:5)고 말하고 있다.

지금의 한국교회는 이단 사이비가 창궐하여 교회를 공격하고 차별금지법 속으로 들어온 동성애 인정법과 이슬람의 삼손 작전(strategic of samson)은 세계와 한반도를 공략하고 있다. 이와 같은 분열과 타락으로 인해 교회는 마치 삼손처럼 하나님이 주신 능력의 머리는 깎이고, 영안의 눈은 뽑히고, 영광의 어깨에는 연자 맷돌을 메고, 이방인을 기쁘게 하는 맛과 빛을 잃은 소금이 되어 버렸다.

이러한 때에 이병렬 목사는 기독교인 10% 미만의 열악한 지방 교회인 거창중앙교회에 부임하여 어린이 5명을 15년 만에 1,000명으로 부흥을 일으키도록 하나님이 쓰신 탁월한 종이다. 한국교회 주일학교와 모든 목회자, 그리고 모든 교회와 성도가 이 책을 읽고 실천하여 한국 교회학교의 큰 부흥이 이루어지길 소망한다.

_ **고훈 목사** (시인, 안산제일교회 원로목사)

불교 문화의 영향력이 강력한
시골 마을에서 일어난 기적의 스토리!

경남 거창군의 총인구는 63,000여 명, 읍내 인구는 40,000여 명! 이병렬 목사님은 17년 전 첫 부임 당시, 5명 출석하던 거창중앙교회 주일학교를 1,000여 명으로 부흥시키셨는데, 이러한 거창중앙교회의 다음세대 부흥 이야기는 읽는 사람으로 하여금 가슴을 설레게 한다. 이 책은 합천 해인사 중심의 불교 문화 영향력이 강력한 시골 마을에서 일어난 기적의 스토리를 생생하고 구체적으로 저술한 책이다. 이 책을 읽고 각 교회에 맞게 적용한다면 살아계신 하나님이 교회마다, 동네마다, 도시마다 다음세대를 이어갈 부흥을 허락하시리라 확신한다.

_ **김인중 목사** (안산동산고 설립이사장, 안산동산교회 원로목사)

머리말 children

다음세대를 위한 골든타임,
놓칠 수 없다!

최근 종교개혁 500주년에 맞춰 영국 청교도들의 역사 현장을 방문하였다. 참으로 설레는 마음을 금할 수 없었던, 의미심장한 시간이었다. '오직 예수'의 신앙을 고수하기 위해 온갖 고난을 감수해야 했던 신앙 선조들의 수많은 발자취들. 그중에서도 특별히 큰 울림을 받은 곳이 있다.

스코틀랜드 그레이 프라이어교회(Gray Friars church)의 '지붕 없는 감옥'이 그곳이다. 여기서 영국 국교회에 저항하며 하나님과 혼인 서약을 했던 이들, 바로 '언약도들' 이야기다. 이들은 오직 예수만이 왕 중의 왕이시라는 신앙을 고수하기 위해 그 '지붕 없는 감옥'에서 무려 28년간 1만 8천 명이 순교했다. 지금은 검은 회색으로 빛바랜 이 현장에서 북받쳐 오르는 감정을 억제할 수 없었다.

그리고 문득 이런 물음이 떠올랐다. 그 시대 '언약도들'에게처럼 오늘날의 우리들에게도 하나님께서 간절히 요구하시는 행동의 주제가 있지 않을까? 과연 그게 무엇일까?

다섯 명의 아이들이 천 명으로!

　거창중앙교회가 본격적으로 어린이 주일학교 사역에 박차를 가하기 시작했던 2003년 무렵까지도 우리에게 '다음세대'란 그렇게 간절한 주제가 아니었다. 오로지 하나님께서 불을 붙여 주셨기에 다 같이 한 마음으로 이 사역에 몰두할 수 있었던 것이다.
　어느 교회나 마찬가지지만 다음세대에 집중 투자를 결심한다는 게 그리 쉬운 일은 아니었다. 그 사역이 중요하다는 점은 누구나 인정하지만, 다음세대에 대한 현재의 투자가 과연 언제, 어떤 결과로 나타날지는 아무도 장담할 수 없기 때문이다. 그럼에도 우리 교회가 다음세대 사역에 주력하게 된 것은 전적으로 하나님의 인도하심 때문이었다.
　먼저 간절한 기도의 시간들을 거쳐 하나님께 답을 얻고 나니 목회 방향이 선명해졌다. 이후로는 하나님께서 붙여주신 뜨거운 가슴속 불을 품고 다음세대 사역에 몰두하는 시간들이 이어졌다. 좌우를 돌아볼 여유도 없이, 단지 하나님의 마음으로 집중했다. 하나님께서 답을 주신 이상 당시로서는 우리에게 또 다른 선택이 있을 수 없었다.

이 사역에 몰두한 지 15년 세월이 지나고 나서야, 우리 앞날을 훤히 보시고 안타까워하시며 불을 붙여주신 주님의 뜻을 비로소 실감한다. 부임 당시, 다섯 명의 아이들이 덩그러니 앉아있던 어린이 주일학교가 오늘날 천여 명이 출입하는 모습으로 탈바꿈할 수 있었던 것은 전적으로 하나님의 깊은 뜻 가운데 이뤄진 결과라고 확신한다.

거기에다 목회 현장 전반에 일어난 성장과 변화, 생기와 활력! 얼마 전 탐독했던 앤절라 더크워스(Angela Duckworth)의 〈그릿(GRIT)〉에서 이야기하는 내용을 우리 교회에 대입해 보니, 성공의 지표로 제시하는 '열정과 끈기' 지수가 대단히 높은 점수로 나타났다. 사역을 진행하면 할수록 우리에게는 내일에 대한 소망이 넘쳐난다. 복회사만 아니라 모든 성도들, 심지어 어린이들까지 동일하게 체감하는 부분이다.

속히 결단하고 오래도록 순종하라

이제 우리는 같은 시대를 살아가는 모든 목회자와 성도들 앞에 감히 말씀드리고 싶다. 다음세대를 향한 하나님의 불타는 심정을 알아드려야 한다고, 너무 조급하게 과실을 바라지 말고, 꾸준히 인내하며 집중 투자를 해 보자고 말이다.

이미 우리 앞에 모범적인 교회들의 좋은 사례들이 넘치고 있지 않은가. 심지어 지방 소도읍에 위치한 거창중앙교회도 해내지 않았는가. 사실 우리 교회 사역 현장의 모습들은 그리 대단하다고 할 수 없다. 세련되기보다는 거친 부분도 많다. 앞으로도 갈 길이 구만리다.

그러함에도 교회당을 가득 메우고 뜨겁게 예배하며 찬양하는 아이들, 그중에서도 특히 '불꽃목자'로 헌신해 영혼 사역에 전심을 다하는 아이들을 지켜보며 우리가 결코 헛된 길을 가는 게 아니라는 증거들을 발견한다. 아이들은 각자 자기 반 친구들을 모두 예수 믿게 하겠다고 다짐하며 한 사람, 한 사람을 위해 열심히 기도하고 전도한다. 그들을 바라보는 교사들의 가슴, 목사의 가슴도 함께 뜨거워진다. 거창의 초등학교들에는 이미 50% 이상 복음화된 학급들이 적지 않다.

실제로 우리 교회처럼 이렇다 할 인력이나 자원들을 갖추지 않은 상태에서도 가능했던 일이라면 대한민국 어느 지역, 어느 교회든지 '우린

안 된다'고 쉽게 단언하지 못하리라. 속히 결단하고 오래도록 순종하면 된다. 이제는 더 이상 지체할 시간이 없다.

교회가 어린이들로 가득 차는 그날

하나님께서는 한국교회를 사랑하셔서 지구촌의 마지막 보루로 삼고 계신다고 확신한다. 2014년 뉴욕 프라미스교회에 세계 91개국 1,200명의 교계 지도자들이 모인 가운데 다음세대 부흥 사례를 발표한 적이 있다. 한 마디 한 마디 열심히 경청하는 청중들의 모습을 지켜보며 많은 생각이 들었다. 우리나라만이 아니라 전 세계적으로 교회의 위기가 극단의 상황에 처한 상태에서, 어떻게 다음세대를 바르게 양육할 것인가 하는 문제는 당면한 최고의 과제가 아니겠는가. 그러므로 우리는 이 마지막 골든타임을 결코 놓쳐서는 안 된다.

모두가 그렇지는 않을 테지만 작은 선물 하나에도 크게 감동하고 고마워하는 게 아이들이다. 세상이 아무리 악하다고 한들 어린이들은 여전히 순수한 존재들이다. 대부분이 천사들이다. 아직 늦지 않았다. 모든 교회들이 다음세대들을 품고, 목회자와 성도 모두가 혼연일체가 되자. 뚜렷한 전략을 세우고 사역에 집중하기만 한다면 머지않아 한국교회에 새로운 활력이 넘치게 되리라 굳게 믿는다.

스코틀랜드의 '언약도들'처럼 생명을 걸고 뛰어들어야 한다. 하나님의 안타까운 시선이 머무는 다음세대들에게 우리의 시선도 머무르게 해야 한다. 그리될 수만 있다면 하나님의 은총 가운데 모든 교회당에 어린이들로 가득 차는 그날이 틀림없이 다가올 것이다.

다시 한번 외친다.

"다음세대 사역은 뒤로 미룰 수 없고, 아무도 예외일 수 없는 이 시대 절체절명의 과제인 것을 잊지 맙시다!"

거창 거열산 기슭에서
이 병 럴 목사

PART

쉬지 않는 기도로 이루어진 그날의 기적!

"유년주일학교를 하라고요? 그것도 천 명을?…"

'어린이 천 명하라!'는 명령은 단순히 숫자에 의미가 있는 것이 아니었다.
어린 영혼을 사랑하시고 구원하시고자 하는 하나님의 그 애타는 마음이
'어린이 천 명하라!'는 응답을 통해 우리에게 그대로 전달되었다.

children
교회의 미래,
어린이 안에 다 있다

1
기적의 날,
현재도 여전히 진행형이다

"목사님, 드디어 천 명을 넘었습니다!"

예배당이 터져 나가는 것만 같았다. 내 심장도 터질 듯이 뛰었다.

2004년 10월 31일, 더없이 좋은 날씨 속에 맞은 주일이었다. 그날은 아침부터 교회 분위기가 심상치 않았다. 평소에도 그렇지만 이날따라 모두가 분주하고 일사불란했다. 아이 어른 할 것 없이 눈빛들이 비장했다. 마치 전투에 나서는 용사들 같았다.

누가복음 14장의 '큰 잔치'가 눈앞에서 실현되고 있었다. 복음의 종들의 뇌리에는 오로지 한 가지 명령만 존재했다. 다른 생각을 할 겨를이 없었다.

"길과 산울타리 가로 나가서 사람을 강권하여 데려다가 내 집을 채우라"
(눅 14:23 하).

연이어 순종의 열매들이 주렁주렁 맺히고 영글었다. 하늘 잔치에 초대된 어린 생명들이 쉼 없이 몰려드는 것이었다. 떼를 지어 걸어오는 아이들, 자전거를 타고 달려오는 아이들, 승합차나 트럭에 가득 실려 오는 아이들. 파도처럼 아이들의 물결로 교회당 안팎이 일렁거렸다.

이날 하루에만 새롭게 등록한 어린이들의 숫자가 30명, 40명, 50명을 훌쩍 넘더니 주일학교 오후 예배가 시작되고 나서는 무려 102명으로 집계됐다. 지난주 유년주일학교 재적이 932명, 드디어 목표했던 1,000명을 돌파해 1,034명이라는 엄청난 기록에 도달한 것이다.

예배당 구석구석 채워지는 아이들

문득 거창중앙교회 부임 당시가 생각났다. 근사한 예배당 바깥 풍경과는 달리 안쪽의 모습은 황량하기 이를 데 없었다. 교회 전반적 분위기도 그랬지만, 주일학교 사정은 훨씬 더 심각했다. 교육관 앞자리에 겨우 다섯 명의 아이들이 모여 예배드리는 모습은 참으로 처량하기 짝이 없었다.

그로부터 5년이 채 안 된 이날, 아이들이 예배당을 가득 메우고 있었다. 은혜였다. 유년주일학교 두 번째 예배가 시작되는 오후 2시, 찬양이 울려 퍼지고 기도와 말씀 시간이 이어지는 중에도 아이들의 입장은 멈출 줄 몰랐다. 바깥에서는 아직도 아이들 전도에 열을 올리는 교사와 성도들의 분투가 계속되는 중이었다. 점심을 먹는 둥 마는 둥 서둘러 끝낸 채 바삐 나서던 뒷모습들이 눈에 밟혔다. 안쓰럽고도 사랑스러운 이들. 오전에 전도한 아이들을 다시 만나 데려오고, 아직 만나지 못한 아이들까지 찾아 나서며 읍내는 물론이요, 시골 마을 구석구석까지 누비는 이들의 헌신이 고마웠다. 그리고 이들의 마음에 쉬지 않고 타오르는 열정을 불러일으켜 주신 주님께 감사했다.

어린이들을 전도하라고, 다음세대를 일으키는 목회를 하라고 종의 가슴속에 내려주셨던 불이 있었다. 그 불이 성도들의 가슴에도 옮겨 붙도록 하나님께서 역사하신 과정들, '유년주일학교 일천 영혼을 향하여!'라고 적힌 현수막을 예배당에 게시하던 순간, 그리고 넓어 보이기만 했던 예배당 빈자리들을 매주 조금씩 더 채워나가던 아이들의 행렬도 주마등처럼 머릿속을 스쳐 지나갔다. 거창이라는 작은 동네에서 엄청난 일들을 이루어 가시는 하나님을 우리 모두가 경험한 시간들이었다. 그 경험은 바로 지금, 이 시간에도 현재진행형이다.

장년 250명이면 만석이 되는 예배당은 점점 발 디딜 틈조차 없을 정도가 됐다. 복도며, 계단이며, 강대상 위에까지 공간이 남는 곳이면 어디든 아이들로 채워졌다. 잘못하다가는 압사 사고가 나겠다는 염려가 들어 왔지만 감사하게도 아무런 사고도 일어나지 않았다.

뜻하지 않은 사고

사고는 오히려 엉뚱한 곳에서 벌어졌다. 폭풍 같았던 오후 예배를 마친 후 편한 옷으로 갈아입고 잠시 쉬려는 참인데, 한 청년이 사택으로 올라왔다. "목사님, 어느 학부모께서 뵙자고 하시는데요." 처음에는 아이를 따라 교회에 다니다 등록을 결심한 부모님인 줄로 생각했다. 우리 교회에서는 흔하게 생겨나는 일이기 때문이다. 살짝 흐뭇한 기분으로 다시 옷을 바꿔 입고 나가보았다.

그런데 막상 마주친 두 내외의 표정이 썩 좋지 않았다. 아니, 금방이라도 폭발할 것 같은 심상찮은 분위기였다. "제가 담임목사입니다. 제게 말씀하시지요. 무슨 일이시죠?" 말이 끝나기가 무섭게 흥분한 부인의 날카로운 목소리가 내 귓전에 쏟아졌다. "이럴 수가 있습니까? 어떻게 교회에서 아이를 유괴합니까?"

우리가 유괴범이라니! 황당했지만 일단 자세히 들어 보기로 했다. 두 사람의 이야기인즉슨 아침 10시에 자전거를 타고 집에서 나간 아이가 하루 종일 집에 돌아오지 않았다는 것이다. 밖에 나갔다가도 보통 1시간이면 들어오는데, 12시가 지나도 돌아오지 않자 당황한 부모님들이 아이를 찾아 읍내 여기저기를 찾아다닌 모양이었다.

알고 보니 문제의 주인공은 우리 교회 집사님이 전도한 아이였다. 평소 축구를 엄청나게 좋아해서 맨발로라도 공을 차는 아이였는데, 집사님이 이 아이를 만나 "우리는 예배가 끝나고 축구도 해."라고 말하자 무작정 따라나선 것이었다. 그 집사님 트럭에 자기 자전거까지 싣고 말이다. 이날 예배가 끝나고, 약속대로 축구까지 한 후 아이가 귀가한 시간이 오후 4시 40분이었다. 선생님도 '천 명의 기적'에 흥분한 상태였고, 아이 또한 마냥 신나는 시간을 보내다 보니 집에 연락하는 것을 깜박 잊어버린 게 일을 크게 만들고 말았다. 애가 탔을 부모 마음이 이해됐다.

스스로를 낮추고 새 출발하라

우리는 아이 아빠를 어떻게든 달래 보려는데 갑자기 휴대폰을 꺼내 들더니 버튼을 누르기 시작하는 게 아닌가. 세 자리 숫자였다. 순간 '주여!'라는 탄식이 흘러나오며, 아침 예배 설교 시간에 했던 말이 떠올랐다. 열심히 하자는 뜻에서 '설혹 유괴범 소리를 듣게 되더라도 최선을 다해 아이들을 데려 오십시오!'라고 덧붙였는데, 결국 그 말이 씨가 되어버린 셈이었다.

아니나 다를까 잠시 후 제복을 차려입은 경찰 한 사람이 다가왔다. 허리춤에 찬 권총이 유난히 크게 눈에 들어왔다. 설마 저 총을 빼 들 일은 없겠지만 잠시 후에 있을 일들을 담담히 맞이하고 있었다.

다행히 그 경찰관과 친분이 있는 우리 교회 집사님 한 분이 서로를 알아봤다. 덕택에 사태가 쉽게 해결됐다. 부모의 하소연을 듣던 경찰관은 전후 상황을 쉽게 파악하는 것 같았다. 꺼내 든 수첩에 별다른 내용을 적지도 않은 채, 아이 아빠 엄마를 이끌고 한쪽으로 가더니 설득하기 시작했다.

"교회에서 무슨 유괴를 했겠습니까? 미처 말을 못했거나, 전화하는 걸 잊어버린 것이겠죠." 20분쯤 실랑이가 계속되더니 결국 두 사람은 밝은 표정을 한 채 우리 쪽으로 돌아왔다.

　나중에 아이 선생님과 교우들을 대동해서 과일을 사들고 그 집을 방문했다. 정중히 사과드린 후 서로 웃으며 이야기를 나눌 수 있었고, 얼마 후 아이는 물론 엄마까지 우리 교회에 출석하게 됐다. 이날 저녁 예배 시간에 교우들과 오늘 있었던 일들에 대해 이야기하다가, 하나님의 준비하심이 그 뜻밖의 사건 가운데서도 역사한 것이라는 믿음의 고백을 나누었다.

　"모두가 하나님의 섭리 아래에서 이루어진 일입니다. 우리가 너무 들떠 마음이 천장에 올라붙을 지경이 되니까, 다시 스스로를 낮추고 새 출발하라는 가르침을 주신 게 아니겠습니까?"

　거기에 더해 새로운 목표도 확인했다. 어린이 성도 1,000명 재적 달성이 첫 번째 목표였다면, 두 번째 목표로 어린이 성도 1,000명 출석, 그리고 마지막 세 번째 목표로 우리 교회에서 헌신된 어린이들을 뜻하는 '불꽃목자' 1,000명 파송이라는 미래가 남아있었다. 아직은 갈 길이 멀었다.

　성도들은 아멘으로 화답했고, 우리는 원래 떠들썩한 축하 파티를 벌이려던 계획을 취소하고 대신 겸손함으로 마음을 동이고, 심기일전하여 새날을 맞이하자고 다짐했다. 처음부터 끝까지 완벽했던 기적의 날이었다.

2

왜 하필
거창이었을까?

경남 거창은 서쪽으로는 덕유산, 동쪽으로는 가야산이 둘러싼 심심산골이다. 수승대라는 명승지가 있고, 맛좋은 사과가 유명한 동네이지만 워낙 지형이 험준해서 예전에는 외부와의 왕래가 쉽지 않았다. 마치 솥단지를 닮은 듯 폐쇄적인 지형 속에서 바깥세상과 단절되다시피 지냈던 이 고장 선인들은 전쟁이 일어나도 피난할 채비조차 못했다고 한다.

거창중앙교회를 처음 방문한 것은 2000년 1월 19일의 일이다. 청빙을 위한 설교 요청을 받고 낯선 땅을 향해 내려가는 길이었다. 지금이야 4차선 고속도로가 뚫려 어렵지 않게 찾아올 수 있지만, 당시만 해도 교통편과 도로 사정 때문에 접근성이 좋지 않았다. 그날따라 바람은 유난히 차고, 눈까지 수북이 내려 10cm가 훨씬 넘게 쌓여 있었다. 거창까지 가는 데 무려 여덟 시간이나 걸렸다. 아침 10시에 출발해 버스와 기차를 여러 번 갈아타며 도착해 보니 이미 해는 떨어지고 얼어버린도로 위에 찬바람만 세차게 불고 있었다.

여행길이 하도 고생스러워 '이게 바로 인생의 좌천이 아닐까' 하는 착각이 들었다. 단면만 바라보면 화려한 수도권의 거리를 누비며 살다가, 산골짜기 작은 동네로 밀려나버린 셈이니 말이다. 누구라도 마음속에 탄식이 새어 나오는 게 당연했다. '한 번 내려가면 다시 서울로 돌아오기 힘들 텐데….' 흔들리는 마음을 애써 감추며, 의연한 표정으로 두 주먹까지 불끈 쥐어 보이고 내려가는 길이었다.

사실 가는 도중에 교회 쪽에서는 날씨가 좋지 않고, 길마저 험하니 힘들게 내려오지 말라는 연락을 보내왔다. 하지만 이미 길을 나선 터였다. 게다가 한 번 손댄 일은 반드시 마무리해야 한다는 삶의 원리 탓에 거창 행을 멈출 수 없었다. 기어이 그날 밤 수요 예배 강단에 올랐고, 결국 청빙을 받아 거창중앙교회 제11대 담임목사로 부임할 수 있었다. 누가 보면 대단한 뚝심이라 할지도 모르지만 당시 거창으로 향하던 마음속에는 남모르는 절박함이 있었다.

빌딩숲 속에서 시작된 하나님의 계획

나이는 숫자에 불과하다고들 말하나, 솔직히 인생 나이 47세를 완전히 낯선 무대에서 새 출발하기에 적당한 시기라고 말하기는 힘들다. 그것도 충분한 훈련과 다양한 경험이 절대적으로 필요한 담임목회자의 위치라면 더욱 그렇다. 오직 하나님의 강권적인 섭리와, 인간의 한

계와 상식을 넘어서는 초자연적 인도하심만이 그러한 편견을 깨뜨릴 수 있을 뿐이다.

젊은 시절 대부분은 기업에서 보냈다. 오랜 세월 회사 업무에 몰두하는 동안 목회자의 길은 의식 저편의 아득히 먼 곳에 있었다. 그러던 중 회사를 그만두어야 할 사정이 있었다. 서예 경력을 살려 전문 학원을 열까, 아니면 중소기업연수원 강사로 전업할까 고민하며 금식기도를 하던 차인데 뜻밖에도 본사로 발령이 났다. 그것도 전략기획실이라는 핵심 부서로 배치가 된다는 것이었다. 마다할 이유가 없었다.

서울의 빌딩숲 속에서 대기업 직원의 일상은 녹록치 않았다. 매일이 스트레스와 긴장의 연속이었다. 유일한 위안은 식사 때마다 기도하며 하나님의 도우심을 구하는 것뿐이었는데, 누군가 그 모습을 지켜보았는지 조용히 메모지 한 장을 책상 위에 두고 갔다. '남대문교회 ○층 ○호실에서 신우회 모임이 있습니다.'라는 글귀가 적혀있었다.

어쩌면 본사로 부르신 하나님의 계획이 여기 있을지 모른다는 기대 반 호기심 반으로 신우회에 참석했다. 우연의 일치였을까. 당시 신우회에서 사용하던 성경공부 교재가 바로 대학시절 몸담았던 한국대학생선교회(CCC)에서 발간한 것이었다. 그 사실이 주변에 알려지면서 어느 틈엔지 성경공부 인도자 역할이 맡겨졌다. 졸지에 본사 신우회의 성경공부리더 자리에 서게 된 것이다.

거룩한 부담감을 기꺼이 감당하기로 했다. 하지만 단 몇 사람의 힘으로 신우회를 끌고 가기에는 역부족이었다. 동역자를 보내 주시도록 기도했다. 응답은 오래 걸리지 않았다. 얼마 후 사무실 바로 내 옆자리에 배치된 동료가 집사라며 자기 신분을 밝혔다. 우리 둘은 금세 의기투합해 신우회를 열심히 섬기는 좋은 친구가 되었다.

사명감은 불타는 데다 든든한 동역자까지 얻으니 못해낼 일이 없었다. 당시 회사가 입주해있던 국제보험빌딩의 전체 신우회를 조직해야 한다는 부르심을 느끼고는 건물 전체를 돌아다니며 함께할 사람들을 찾았다.

창립 모임에는 21개 사업체에서 34명이 참석했다. 참여 인원이 점점 늘면서 모임 장소가 작은 보험사 사무실에서 소강당으로, 다시 대강당으로 몇 차례 바뀌었는데, 1년 후에는 150명이 넘는 커다란 모임이 되었다. 인생 최초로 경험한 부흥이었다. 소문이 나자 기독교방송(CBS) 대표 프로그램인 '새롭게 하소서'에 동료들과 함께 출연해 신우회를 통해 나타난 하나님의 역사를 간증할 기회도 얻었다. 이후 그룹의 상징과 같은 본사 건물이 완공되면서 그룹신우회 활동도 더욱 날개를 달았다. 제3대 그룹신우회 총무로 섬기는 동안, 월례예배가 열리는 날이면 강당의 300석 좌석이 거의 가득 찼다.

가끔 외부 강사를 초청해 말씀을 듣는 기회를 가졌는데, 모교 선배로서 예장합동 총회장을 지내신 ㅇㅇ목사님을 모셨을 때의 일이다. 함께 식사를 하는 자리에서 맞은편에 앉은 내 얼굴을 보시던 그 목사님이 "이 집사는 목사인데….''라는 말씀을 하시는 것이었다. 그런 일이 몇 개월 사이에 연거푸 두 번이나 계속되자 스스로는 물론, 동료들까지도 내 장래를 궁금히 여기게 됐다. 거창으로 부르심의 첫 번째 사인이 어쩌면 이날 선배 목사님의 심중한 한마디였는지도 모르겠다.

처음 만난 거창

결국 하나님의 부르심에 이끌려 남들보다 늦은 나이에 신학 공부를 시작하면서부터 부천의 ○○교회에서 7년 동안 부교역자로 사역했다. 그 교회에서 중등부를 맡아 생애 두 번째의 부흥을 경험했다. 부서 내에서 괄목할 만한 성장을 이룬 것이다. 첫 사역지에서 하나님의 은혜로 출발이 좋았다. 부천에서 얻은 다음세대 사역에 대한 비전과 경험은 이후 목회 사역에 두고두고 소중한 자산이 되었다.

그런데 발목을 잡은 것은 나이였다. 임지를 옮겨야 할 때가 되어서, 몇몇 교회들에 이력서를 냈지만 어느 곳에서도 40대 중반을 넘긴 교역자를 받아주지 않았다. 또한 경험이 일천한 나에게 담임목회를 할 수 있는 안정된 사역지가 있을 리도 만무했다. 세월은 야속하게 흘러갔고, 속은 타들어 갔다. 기도 밖에 방법이 없었다.

바로 그 무렵, 현재 소속해 있는 진주노회에 먼저 몸담고 있던 친구 목사님으로부터 연락이 왔다. 거창의 한 교회에 자리가 났다는 소식이었다. "지금은 교회 형편이 좀 그렇긴 하지만, 자네가 와서 잘하면 좋을 거야." 그 이야기를 듣고서는 지체 없이 눈보라를 뚫고 거창으로 향했던 것이다.

처음 만난 거창은 그동안 머물던 세계와는 전혀 달랐다. 곳곳에 십자가가 세워져있고 예수 믿는 사람들을 어디서든 쉽게 만날 수 있는 그런 풍경이 아니었다. 바로 이웃 동네인 합천 해인사를 중심으로 형성된 불교의 힘이 맹위를 떨치고 있었고, 혈연관계와 학연관계로 엮인 인맥 중심의 연결망이 강력한 영향력을 발휘하고 있었다. 자칫 말 한마디라도 잘못 했다가는 큰 화로 돌아오겠다는 위기감도 있었다. 수도권 문화와 의사소통 방식에 익숙해 있던 터라 이런 분위기들이 큰 제약이 될 게 확실해 보였다.

그래도 믿음이 있었다. 거창으로 가는 길까지 앞장서 인도하신 하나님께서 놀라운 일을 행하실 것이라는 확신 때문이었다. 머지않아 생애 제3의 부흥을 이곳에서 맞이할 것이라는 기대를 품고 거창에서의 생활을 시작했다. 하지만 하나님의 때를 맞이하기까지 꼭 거쳐야 할 연단의 과정이 남아있었다. 아직 더 다듬어져야 했고, 더 낮아져야 했다.

3

기도밖엔
다른 길이 없다

　스피커가 또 터졌다. 한동안 우리 교회 새벽예배 때마다 벌어진 이러한 사고는 다반사였다. 하루 세 시간씩 매일 계속되는 기도회를 기계조차 버텨내기 힘들었던가 보다. 하물며 연약한 인생들이 그 버거운 시간들을 어찌 견뎌낼 수 있을까. 하지만 견뎌내야 했다. 오직 기도만이 살 길이었으니까.

　'기적의 날'로부터 거슬러 1년 8개월 전, 매일 세 시간씩 드리는 새벽기도회를 시작했다. 끝을 가름할 수 없는 기도의 대장정이 시작된 것이다. 설교 한 시간에, 통성기도 한 시간, 그리고 마지막으로 개인묵상기도 또 한 시간! 이렇게 하루 세 시간씩 진행되는 처절한 기도의 강행군이었다. "하나님! 왜 거창입니까?"부터 교회를 위해, 우리가 사는 거창을 위해, 그리고 조국을 위해 뜨겁게 기도했다. 이 땅에 부흥을 일으켜 달라고, 그 부흥의 도구로 우리를 사용해 달라고 간구했다. 매일이 전쟁과도 같았다. 마이크를 손에 쥐고 목청이 터지도록 인도를 하다 보니 하루에도 몇 번씩 예배당 스피커가 고장 나곤 했던 것이다.

　나중에 깨닫게 된 것이지만 당시 우리가 간구했던 여러 기도 제목들 중에 하나님의 응답하심으로 성취된 일들이 적지 않다. 낙후된 우리 지역이 살아날 수 있도록, 청년들이 떠나지 않는 동네가 되도록 훌륭한 교육기관과 생산적인 일터와 원활한 교통편을 구했는데, 10년 사이에 대부분 응답이 되었다. 진짜로 거창에 첨단과학기술단지가 조성되고, 국비로 운영되는 대학이 설립되었으며, KTX거창역 개통은 가시권에 들어오고 있다. 하지만 그보다 값진, 진짜 은혜는 따로 있었다. 온 성도들이 '기도에 대해서' 맛을 본 것이다.

　기도란 무엇인가? 기도는 나를 버리고, 그 빈자리에 하나님의 마음을 채우는 일이다. 무능한 내 모습을 인정하고, 전능하신 하나님만 전적으로 의지하는 것이다. 살아계신 하나님의 능력이 나의 능력이 되는 과정이 바로 '기도'라는 것을 새삼스럽게 깨달아 알게 된 것이다.

3년 만에 겨우 한 명?

　거창중앙교회 담임목사로 부임할 당시 솔직히 철없는 기대가 있었다. 비록 그동안 살아온 환경과는 달랐지만 이곳에서도 어렵지 않게 부흥을 경험할 수 있으리라 믿었다. 조금 과장해서 말하자면 목회 현장에 나가 첫해에 천 명, 이듬해에 이천 명 정도 모으기란 문제없을 것 같았다. 그저 열심히만 하면 될 줄로 여겼다. 그러나 그런 기대와 꿈은 얼마 가지 않아 큰 장벽 앞에 부딪치고 말았다.

  교회 부임 이후 아내와 몇몇 성도들을 대동해 거창 일대에 나가 전도를 시작했다. 줄잡아 3,000여 가구를 찾아다니며 열심히 복음을 전하고, 교회에 초대했다. 어떤 결과가 나타났을까? 기가 막히게도 단 한 사람도 열매가 없었다. 3년 만에 겨우 한 명이 새로 출석하기 시작했는데, 그 사람마저도 나중에는 서울로 이사를 가고 말았다.

  말로만 들었던 현지 분위기가 실제로 접해 보니 훨씬 만만치가 않았다. 승려도 아닌데 장터에 승복을 일상복처럼 입고 다닐 정도로 신심이 깊은 불교 신도들, 서로서로 혈연, 학연관계 등에 둘러싸여 외지인이 파고들 틈이 없는 이웃들, 목사를 면전에 두고서도 교회 다니는 사람들을 대놓고 '예수쟁이'라고 비웃고 못마땅해 하는 거친 사람들을 상대하면서 점점 지쳐갔다.

  도무지 통로가 보이지 않았다. 사람들 속을 알 수 없었다. 오히려 그들이 나에 대해 더 많은 것을 아는 듯 보였다. 한 번은 예배당 근처에 사는 어느 이웃을 만나 "선생님, 예수 믿으시고 천국 가셔야죠."라고 권유했더니 이런 대답이 돌아왔다. "아이고, 목사님. 제가 목사님 성함까지 다 압니다. 이 씨 성에 빛날 병자, 매울 열자 쓰시잖아요. 종교야 다 좋죠. 그런데 저는 유교입니다." 특유의 굵고 단호한 목소리로 대꾸하시던 그분. 지금은 고인이 되었다.

  매사가 이런 식이었다. 막막했다. 여태껏 사용했던 지식과 방법들이 이곳에서는 전혀 쓸모가 없는 듯 보였다. 게다가 담임목사에게 힘이 되어주어야 할 교회 내부 상황도 좋지 못했다. 아무런 의욕이 보이지 않았고, 분위기는 암울했다. 지은 지 오래된 낡은 건물과 함께 이제 남은 단 하나의 대책, 그것은 바로 기도! 기도밖엔 다른 길이 없었다.

목회란 기도의 무릎으로 감당하는 것

돌이켜 보면 어린 시절부터 지금까지 기도라는 학교를 통해 자라온 것이나 다름없었다. 특히 사역자로서의 삶에 기도가 결정적인 비중을 차지하게 된 계기가 하나 있다. 부교역자로 지내던 시절 이야기다.

담임목사님과의 첫 만남에서 중등부를 맡아달라는 말씀을 들었다. 그 시기의 아이들 대부분이 그렇듯 꽤 골칫거리들이라는 사전 정보와 함께, 이어서 담임목사님은 이제 막 신학 과정을 시작하는 사역 초년병에게 한 가지 당부를 덧붙이셨다.

"자네가 지금부터 평생을 영혼사역자로 살게 될 텐데, 영혼사역자가 절대 잊지 말아야할 게 하나 있네. 바로 자기에게 맡겨진 영혼들의 이름이 닳도록 기도해야 한다는 거야!"

지당하신 말씀이었다. 목사님의 표현처럼 '기도의 줄이 짧은' 나였다. 직장 생활이 바쁘다는 이유로 충분한 기도 시간을 갖지 못한 게 사실이었다. 하지만 사역자로 헌신하게 된 이상 이제는 다른 핑계를 댈 수 없었다. 가르침을 받들어 기도에 전념했다.

당시 신학을 공부하던 총신 양지캠퍼스에서는 새벽기도를 여섯시에 시작했다. 중등부 아이들 27명의 이름을 하나씩 부르며 기도하던 시간이, 아이들 숫자가 점점 늘어나면서 함께 길어졌다. 나중에는 기도를 마치고 눈을 떠보면 넓은 예배당에 혼자 덩그러니 남아있었다. 아침 8시 30분에 첫 수업이 시작되는데, 새벽에 시작한 기도가 수업 시작 시간을 지나서 끝나는 일이 반복되고 있었다.

이렇게 하면서 5년이 지나는 동안 거의 10배의 부흥을 경험했다. 목회란 머리가 아니라 가슴으로, 무릎으로 감당하는 것임을 깨달은 은혜의 날들이었다. 또 목사님은 말씀하셨다.

"자네가 일반적인 목회를 하고자 한다면 그저 1만 시간 정도 기도하면 될 거야. 그러나 능력 목회를 하고자 한다면 2만 시간 이상 기도해야 해!"

당시 담임목사님이 고인이 되신 지금도 가슴 깊은 곳에 마치 철심을 박아놓은 듯 생생히 남아있는 말씀이다.

거창으로 인도하신 하나님은 다시 그 기도의 자리로 나를 돌려놓으셨던 것이다. 예전처럼 하루 세 시간씩의 기도 자리로, 그뿐만 아니라 온 교회를 기도의 제단 앞으로 불러 모으셨다. 그리고 우리는 끝이 없는 기도를 통해 인내를 배우고 순종을 배웠다. 수많은 기도 제목들이 있었지만 결국 우리의 제목은 단 하나로 귀결됐다. "우리에게 말씀하옵소서. 우리가 듣고 따르겠나이다."

그리고 하나님께서는 우리에게 명령 하셨다. 간절히 고대하던 응답이었다. 그런데 도무지 믿기지 않는 명령이었다. 우리 공동체에 뚜렷하게 정해주신 목표는 바로 이것이었다.

'유년주일학교 하라! 천 명하라!'

4

유년주일학교
5명에서 시작된 기적

교회에 부임한 2000년도, 거창군 총인구는 6만 3천 명, 그중 아이들의 숫자가 6천 5백 명 정도 되었다.(지금은 4천 명 정도임.) 관내 교회들의 숫자는 당시 총 74개인데, 우리보다 더 오랜 역사와 함께 큰 규모를 가진 읍내의 여러 교회들이 사실상 교계를 주도하고 있었다. 그런 환경에서 장년 천 명도 아니고, 유년주일학교 천 명이라는 목표를 우리에게 주시다니, 실로 납득하기 어려웠다.

우리 교회는 본디 주일학교 기반이 탄탄하지 못했다. 부임 당시 거창중앙교회 교인 수는 총 85명이었는데, 장년 40명에, 중고등부가 40명, 나머지가 유년주일학교 인원이었다. 겨우 다섯 명! 교사 숫자가 아이들보다 오히려 더 많았다.

처음으로 아이들을 만났을 때, 다섯 명이 마치 훈련소 장병들처럼 일렬횡대로 앉아있던 모습이 생생하다. 아이들에게 축복 기도해 달라는 요청을 받고 그 안타까운 현장을 보면서 절로 이렇게 기도했다. "하나님, 올해 여름성경학교 때는 100명의 어린이를 보게 해 주옵소서!" 당시로서는 무슨 비전이나 자신이 있었던 것도 아니었다. 안타까움에서 나온 기도였을 뿐이다.

부흥의 요소는 하나도 없었다

어려서부터 주일학교를 다니며 성장하고, 장성하여 오랜 시간 주일학교 교사를 하며 나이 마흔이 될 때까지 부장으로 섬기기도 했지만, 유년주일학교 1,000명을 꿈꿔본 적은 없었다. 숫자에 의미를 두는 사역은 생각해 본 적이 없었기 때문이다. 사역자로 부르심을 받은 이후에도 마찬가지였다. 아니, 주일학교 중심의 목회 자체를 염두에 두지 않았다.

담임목사가 이러할진대, 그 엄청난 목표 앞에서 성도들이 깜짝 놀란 것은 어찌 보면 지극히 당연한 반응이었다. 응답받은 후 첫 예배시간에 '유년주일학교 천 명을 이루라고 하십니다!'라고 선포했을 때 어안이 벙벙해 하던 모습들을 지금도 잊을 수 없다. 단 한 사람의 '아멘'도 없었다. 다음 주부터는 "목사님, 머리가 좀 이상해졌나 봐!" 하는 소문까지 돌았다. 그도 그럴 것이 지난 3년 동안 뭘 해도 되는 일이 없었기 때문이다. 성도들의 눈에 비친 담임목사의 변화가 있었다면 오로지 새카맣던 머리카락이 하얗게 변한 것뿐이었다.

게다가 아이들을 전도하기에는 우리 교회가 지닌 외적인 조건은 그리 좋지 못했다. 예배당 바로 앞에 4차선 국도가 있어서 아이들에게는 특히 위험했다. 실제로 예배당 앞에서 놀던 아이가 불쑥 차도에 뛰어드는 모습을 우연히 본 어느 학부모가 도저히 위험해서 안 되겠다며 자기 아이를 그 다음 주부터 교회에 다니지 못하게 한 사례도 있었다.

교회 주차장이 없는 것도 두말할 여지없이 우리에겐 불리한 조건 중 하나였다. 말이 좋아 겉으로는 "읍내 전체가 우리 교회 주차장입니다."라며 당당해 보이려 했지만, 현실에서는 예배 중에도 차를 빼달라고 큰 소리로 항의하는 주변 상인들 때문에 종종 곤욕을 치르기도 했다.

언젠가 서울의 한 신학교 교수님이 목회현장연구를 위해 교회를 찾아온 적이 있다. 교회 상황과 주변 환경을 세밀하게 관찰하고 난 그 교수님의 결론은 이랬다.

"하드웨어 상으로, 거창중앙교회가 부흥할 수 있는 요소는 하나도 없네요."

거의 모든 지표가 '아니요' 쪽을 가리키고 있었지만, 분명히 '예' 하고 순종해야 할 근거들은 충분히 있었다. 우선 하나님의 부르심과 이끄심이 아주 확실하게 다가왔다. 하나님께서 목회의 길로 인도하셨던 확신의 순간과 꼭 닮은 채로 말이다.

복음의 자리를 보수하라

기업에 재직하던 시절, 한 프로젝트를 맡아 중국 출장 중에 있을 때

일이다. 비행기 안에서 구름 위로 높이 솟구쳐 빛나는 햇빛을 바라보고 있는데, 갑자기 가슴속에 덩어리가 들어찬 듯 묵직한 감동이 느껴졌다. "이런 일은 네가 아니어도 할 사람이 많다. 너는 와서 내 일을 하라!" 그렇게도 갈망하던 하나님의 부르심이었다.

출장을 마친 후 5일간의 연휴 동안 인천 송도에 있는 어느 기도원으로 들어가 하나님의 부르심을 재차 확인했다. 닷새 동안 금식을 작정했는데 주님의 응답은 불과 하루 만에 임했다. 철야기도를 마친 새벽녘, 예배당 밖에 나와서 피곤을 이기고자 크게 기지개를 켜는 참인데, 마치 시원한 바람처럼 말할 수 없는 기쁨이 일어나 심령을 가득 채웠다. 춤을 출 듯 넘치는 기쁨, 바로 부르심에 대한 확증이었다. 더 이상 망설일 필요가 없었다. 그 길로 내려와 사표를 내고, 얼마 후 신대원에 지원했다.

부름을 받은 후 다른 기도원에서 우연처럼 만난 낯선 목사님과의 대화를 통해서도 하나님의 뚜렷한 신호를 발견할 수 있었다. 그 목사님은 당시 금식을 시작한 사정을 궁금해하며 물었다. 그간에 있었던 일들을 하나하나 이야기했더니 다 듣고 나서는 이런 조언을 해 주었다.

"소명(calling)은 확실하시군요. 그런데 주의 종에게는 소명뿐만 아니라 사명(mission)도 선명해야 합니다. 단지 부르심을 깨닫는 것을 넘어서 자신을 부르신 이유까지 무엇인지를 알아야 바르게 헌신하실 수 있지 않겠어요? 본인의 사명이 무엇인지에 대해 하나님께 여쭤보세요."

마치 천사가 다녀간 듯 짧은 대화를 남긴 채 그 목사님이 홀연히 사라졌다. 방에 혼자 남아 성경을 들추며 성령이 인도하시는 대로 내 사명을 탐색했다. 신명기를 샅샅이 훑고 나서 이사야를 쭉 읽어 내려가는 데 이사야서 58장 12절 말씀에 시선이 머물렀다. 준비해 간 노트에 옮겨 적었다.

"너를 일컬어 무너진 데를 보수하는 자라 할 것이며 길을 수축하여 거할 곳이 되게 하는 자라 하리라"(사 58:12).

회상해 보면 신우회 시절에도, 부교역자 시절에도, 그리고 거창에 내려와서도 주님이 맡겨주셨던 일은 바로 무너진 복음의 자리를 보수하고 수축하는 것이었다. 그래서 이 말씀은 지금까지 목회 여정과 함께하고 있다.

물음표가 느낌표로 바뀌는 순간

가끔 자신의 소명에 관한 문제로 고민하는 분들을 만나면 "비행기를 타보시라."고 권한다. 당사자들에게는 아마 농담처럼 느껴졌을 테지만 내게는 그만큼 의미심장한 사건이었다. '주일학교 천 명을 이루라.'는 명령 앞에서도 그와 동일한 감동을 경험했던 것이다. 거부할 수 없도록 압도하시는 하나님의 인도임을 확신했다.

또 다른 강력한 신호도 있었다. 부임 후 첫 주일, 다섯 명의 아이들을 앉혀놓고, 100명을 보게 해 달라고 무심코 구했던 기도는 과연 어떻게 응답됐을까? 그해 7월, 우리 교회 여름성경학교에 찾아 온 총 인원이 104명이었다. 놀라운 은총의 결과였다. 그 현장을 함께 목도한 교우들과 중고등부 40명의 학생들은 감격했고, 이들은 그 이후에도 계속 든든한 기도와 사역의 동지가 되어주었다.

그들과 함께 끝도 없는 기도의 행군이 이어지며 우리는 점점 새로운 목표에도 확신을 갖게 됐다. '유년주일학교 일천 영혼을 향하여!'라고 쓴 현수막도 당당하게 1층 교육관에 게시했다. 아내는 일천 명은커녕 그 절반도 요원한 상태에서 벌써 그렇게 써 붙여 놓으면 어떡하느냐고 염려했다. 결혼하기 전 이미 전도사 생활을 하고 있었고, 회사에 사표를 쓰고 신학을 결심할 때 가장 반가워하며 지지해 준 소중한 인생의 동반자인 아내의 진심어린 염려였다.

하지만 이때만큼은 아내 말에 귀를 기울이지 않았다. 이미 마음속 물음표는 느낌표로 바뀌어 있었기 때문이다. 어디에 쓰시려고 하나님이 여태껏 연단하셨는지, 또 이곳 거창까지 내려오게 하신 까닭은 무엇인지 더 할 나위 없이 분명하게 이해할 수 있었다. 바로 지금, 이때를 위함이었던 것이다.

"또 누구든지 내 이름으로 이런 어린아이 하나를 영접하면 곧 나를 영접함이니"(마 18:5)라는 말씀이 우리 성도들을 사로잡고, 다음세대를 향한 열정을 끌어올렸다. '어린이 천 명하라!'는 명령은 단순히 숫자에 의미가 있는 것이 아니었다. 어린 영혼을 사랑하시고 구원하시고자 하는 하나님의 그 애타는 마음이 '어린이 천 명하라!'는 응답을 통해 우리에게 그대로 전달되었다.

대부분의 성도들이 교사로 섬기기 시작했다. 그리고 전도자로 나섰다. 아이들도 마찬가지였다. 예배를 마친 후 광고 시간이 되면 일사분란하게 대열을 정비하고, 전도구호를 외치는 함성으로 예배당을 가득 채웠다. 좌향좌, 우향우 구령에 따라 열심히 몸을 움직이며 씩씩하게 "유년주일학교 일천 영혼을 향하여! 아멘!"이라고 소리치는 아이들. 천군만마가 부럽지 않았다.

5

유년주일학교가
교회 전체를 변화시키다

　　주일학교 인원은 차츰차츰 불어나고 있었다. 어느 정도 숫자가 차오르자 1층 교육관 시설만으로는 감당이 되지 않았다. 아이들이 율동 찬양하며, 기도하며, 구호를 외치며 펄쩍펄쩍 뛰는 바람에 좁은 공간이 먼지로 가득 찰 지경이었다. 숨쉬기도 어려웠다. 또 하나의 결단이 필요했다.

　　결국, 아이들을 2층 본당으로 올리기로 했다. 그냥 장소만 이동하는 것이 아니었다. 전격적으로 본당의 대변신이 이루어졌다. 눅눅하게 찌든 커튼들은 모두 떼어내고, 현대식 방음 소재들로 본당 전체를 다시 꾸미며, 강단은 넓은 무대 형태로 탈바꿈시켰다. 장로님의 헌신으로 그랜드피아노도 새로 들여놓았다.

　　앞에 서서 직접 공사를 지휘하면, 앞서 은혜 받은 40명의 청춘 동역자들이 실행에 옮겼다. 전공과목까지 이 대목에서 모두 발휘되었다. 매일의 공정을 철저히 짜서 관리했고, 밤까지 꼬박 새워가며 계획대로 착착 진행했다. 만만치 않았던 분량의 리모델링 작업이었지만 단 엿새 만에 깔끔하게 마무리됐다. 공사의 잔해 하나도 남기지 않았다.

일주일 만에 교회를 다시 찾은 아이들은 깜짝 놀라며 환호성을 질렀다. 마치 다른 세계에 들어온 듯 경이로워하는 표정들이었다. 그것은 당연한 일이었다. 달빛처럼 어슴푸레하던 교회당 분위기가 환하게 반짝이는 모습으로 뒤바뀌었으니 말이다. 아이들은 마음껏 뛰고 찬양하며 예배드릴 수 있게 되었다.

위대한 일을 시도하라

아이들은 대환영이었지만 모두가 같은 마음인 것은 아니었다. 전격적으로 이루어진 리모델링 작업이 있고 얼마 되지 않아 부임 당시의 장년 성도 대부분이 교회를 옮겼다. 안타깝고 가슴 아픈 일이었다. 그러나 받아들여야 했다. 감사하게도 교회에는 사명감을 지닌 일꾼들이 계속 유입되고 새롭게 세워졌다. 어린이 전도에 새바람이 불고 있었다.

신학교에 재학 중일 때 어느 목사님으로부터 현대 선교의 아버지라고 불리는 영국의 윌리엄 캐리에 대한 이야기를 들은 적이 있다. 그는 "하나님으로부터 위대한 일을 기대하라! 하나님을 위하여 위대한 일을 시도하라!"는 유명한 말을 남겼다. 특강시간에 그 말씀을 듣는 순간 나의 마음은 성령님의 감동으로 벅차올랐다. 그때의 가슴을 울리던 그 울림을 이제는 온 교회가 함께 느끼고 있었다.

결과적으로 예배당의 대 변신은 우리 교회가 어떤 방향으로 가고 있는지 성도들에게 확실히 각인시키는 효과를 낳았다. 더 이상 우리의 목표 앞에서 망설이거나 머뭇거릴 필요가 없었다. 공간에 대한 염려도 사라졌다. 오직 모든 역량을 어린이 전도에 집중하는 일만 남아있었다.

거창중앙교회 교사들의 하루 일과

주일날 아침 7시가 되면 교사들의 예배가 시작된다. 여기서 '교사'란 각 반을 담임하며 직접 아이들에게 성경을 가르치는 선생님들만 일컫는 게 아니다. 찬양과 율동으로 섬기는 이들, 아이들 간식을 준비해 주는 이들, 차량으로 운행해 주는 이들, 기도로 후원해 주는 이들, 그리고 장년들의 예배가 진행되는 동안 어린 동생들이 다치거나 사고 당하지 않도록 인솔하고 보호해 주는 역할을 하는 중고등부 학생들까지 모두 '교사'라는 직함을 갖는다.

이들과 함께 '불꽃목자' 직분을 받은 어린이 리더들과 자발적으로 나오는 아이들까지 참석하다 보니 교사 예배에는 꽤 많은 인원이 모이게 된다. 한 시간 가량 말씀으로 도전받고, 다음세대를 위해 뜨겁게 기도하여 마치고, 함께 식사한 후 이들은 일제히 사역 현장으로 향한다.

각자 흩어져 어린이들을 전도하고 데려 오기 위해 나서는 것이다. 보통은 자신이 담당하는 초등학교를 중심으로 진행되지만, 읍내 골목골목 심지어 멀리 면 단위 시골 마을까지 찾아가는 교사들도 있다. 교회

소유의 차량이 턱없이 부족하니 대개가 자기 차량으로 운행을 한다.

전도가 이루어지는 과정에서 바로 따라나서는 아이는 그대로 교회로 데려오고, 부모의 허락을 받아야 하거나 다른 사정이 있는 경우는 오후 2시 어린이 예배가 시작되기 전에 다시 만나기로 약속하고 일단 헤어진다. 그러다 보면 예배당은 일찌감치 아이들로 북새통을 이루기 일쑤다.

주일 낮 예배를 마치고 간단히 식사를 끝내기 무섭게 교사들은 다시 서둘러 예배당을 나선다. 이번에는 오전에 전도한 아이들, 교회에서 멀리 떨어진 곳에 사는 아이들을 데려오기 위해 길을 떠난다. 물론 새로운 아이들을 전도하는 일도 계속된다. 그때부터는 여느 교회에서 보기 힘든 진풍경이 펼쳐진다.

여기저기서 차량들이 달려와 아이들을 쏟아낸 후 사라지고, 이어서 다른 차량이 달려오고 하는 광경이 반복되는 것이다. 한 번 다녀간 차량이 십여 분 후 또 다른 아이들을 가득 싣고 오는 모습도 종종 볼 수 있다. 교회당 곁에 살며 이 모습을 늘 지켜보던 한 주민이 "계속 자동차와 아이들의 파도가 밀려오는 것 같다"고 표현하기도 했다.

어린이 예배가 파하고 저녁 늦은 시각, 교사회까지 마무리하고서야 주일학교 교사들의 하루 일과가 비로소 끝난다. 토요일이면 낮 12시부터 교사 기도회와 반목장 모임이 진행되고, 매일 저녁 두 시간씩 따로 모여 기도하는 시간을 갖는다. '유년주일학교 천 명'이라는 목표가 정해진 이후 우리 교회에서는 매주 이런 과정이 반복되었다.

리더로 자라는 아이들

이들의 쉼 없는 헌신으로 인해 교회는 기적의 날을 맞을 수 있었고, 주일학교 재적 1,000명을 넘어 주일학교 출석 1,000명을 향해 가는 중이다. 이제 재적이 1,500명에 이르며 실제 출석 인원은 더욱 늘고 있다. 여름성경학교 같은 때는 출석 인원 800명까지 모이기도 했다. 거창군내 예수 믿는 아이들 숫자 중 사 분의 삼 정도가 거창중앙교회에 다니는 아이들인 셈이다. 그래서 두 번째 표어를 '어린이 삼천 명 구원하고, 일천명 모이는 교회를 향하여!'로 삼고 있다.

아이들은 다른 사람들을, 더 크게는 세상을 이끄는 리더들로 자라나고 있다. 불꽃목자로 임명받은 아이들은 교사를 돕는 조력자로서, 친구와 어린 동생들을 섬기는 인도자로서 훌륭하게 섬기고 있다. 중고등부 이상으로 올라가면 보조교사로서 역할을 맡게 된다.

불꽃목자로 헌신한 아이가 해외로 나가 공부하며 장래 선교사로 훈련받는가 하면, 어느새 자라 주일학교 교사로 섬기는 일도 생겼다. 우리의 세 번째 목표는 '불꽃목자 천 명'을 키우는 일이 될 것이다.

경이로운 변화

거창에 내려오기 전, 부교역자로 섬기던 교회에서 중등부를 담당하며, 한 부서의 부흥이 온 교회에 활력을 가져다 주는 현상을 경험했다.

중등부가 주일 저녁 예배 찬양을 인도하는 날이면 아이들이 눈물을 흘리며 진심으로 찬양하는 모습에 오히려 어른들이 늘 큰 은혜를 받는다. 한 번은 중등부 예배 현장을 참관하겠다고 방문했던 다른 교회 집사님 내외가 나중에는 아예 교회까지 옮겨온 일도 있었다. 그분은 이제 시무 장로가 되어 열심히 섬기고 계신다.

유년주일학교의 성장은 거창중앙교회에서도 교회 전체에 경이로운 변화들을 일으켰다. 아이들이 자라 어른이 되고, 아이들을 통해 부모들이 전도되고, 주일학교가 잘 운영되는 교회라는 소문이 나면서 젊은 부모들도 자녀들을 이끌고 와 새로 등록하니 장년 규모까지 크게 늘어났다.

우리 교회만의 재미있는 풍속도도 생겼다. 우리 교회의 젊은 부부들은 보통 자녀를 셋 이상 두는 다자녀 가정을 이룬다. 인구가 급속히 줄어들고, 신생아 출산이 많지 않은 농촌 지역에서는 다자녀 가정에 대한 혜택이 제법 크다. 자녀를 여럿 둘수록 더 많은 지원금을 받는 것이다. 교우들 사이에 그 지원금으로 소형차 한 대씩을 마련하는 게 유행이 됐다. 당연히 그 차량들은 주일학교 아이들을 전도하고 운행하는 귀한 도구로 사용하게 된다.

아이들을 전도하니 어른들이 따라오고, 그 어른들이 다시 아이들을 이끌어온다. 세대가 단절되지 않고 함께 부흥하는 교회가 된 것이다. 이것이 바로 '킹핀 효과'이고 영적 선순환이다.

우리는 기대한다. 하나님이 이루실 더 큰 일들을! 그리고 시도할 것이다. 하나님을 위하여 위대한 일들을!

> 기자가 들려주는

왁자지껄 거창중앙교회의 생생한 이야기

● 왁자지껄 주일학교, 즐겁게 몸에 밴 성숙 ●

마치 활화산과 같다. 억제할 수 없는 뜨거운 기운이 분출하는 것이 멀리서부터 느껴진다. 아침 해가 떠오르기도 전부터 아이들과 교사들은 예배당을 가득 채우고 한껏 상기된 영혼으로 은총 가득한 하루를 맞이한다. 거창중앙교회(이병렬 목사)의 주일 아침은 이렇게 열린다.

오전 7시, 주일 1부 예배이자, 주일학교 교사들의 예배가 시작된다. 아이들은 이미 예배당에 나와 맨 앞자리를 점령하고 있다. 교사 직분을 맡은 엄마 아빠를 따라 눈 비비며 앉은 어린아이들도 있지만, 상당수는 스스로 원하여 예배에 참석하는 아이들이다. 찬송 소리가 뜨겁다.

강단에서는 '울며 씨를 뿌리는 자는 기쁨으로 단을 거두리로다'라는 시편의 말씀이, 다시 숨 가쁜 하루를 보내게 될 교사와 '불꽃목자'들의 가슴을 두드리며 울려 퍼진다.

"사막을 일구는 농부의 마음으로 일합시다. 복음화율이 10%가 채 안 되는 황량한 거창 땅, 부모에게 믿음이 없어 영적으로 사막과 같은 수많은 가정들을 위해 눈물로 씨를 뿌립시다."

부흥회를 방불케 하는 한 시간 동안의 예배를 마친 교사와 아이들은 일

children

제히 식당 겸 교육관으로 사용 중인 1층으로 향한다. 이들은 주일 아침과 점심을 늘 같은 식탁에서 맞이한다. 심심찮게 하루 세끼를 함께하기도 한다. 다른 방법이 없다. 주일이면 언제고 시계 초침이 더 빨리 돌아간다. 그 짧은 시간조차 아까워 후루룩 들이키듯 식사를 끝내는 소리들이 사방에서 들린다.

오전 8시 20분, 숟가락을 내려놓는 순간부터 본격적인 운행 작전 돌입이다. 이 시간대에 교회 정문 앞 거리로 나가보면 흔치 않은 구경을 하게 된다. 쉴 새 없이 사방에서 차량이 다가와서는 아이들을 토하듯 쏟아내고, 금세 사라졌다 다시 등장하는 풍경이 파도치듯 거듭되는 것이다.

교회 소유 차량이 소수에 불과한 거창중앙교회에서는 모든 성도의 차량이 운행에 동원된다. 수송은 각 부별, 목장별로 이루어진다. 특히 70여 명의 '차량 교사'들은 읍내 각지로 흩어져 아이들을 옮기는 일을 하루에도 몇 차례씩 반복한다. 어느 집사님 내외는 주일 하루 차 운행 거리가 도합 400여 킬로미터에 이른다고 한다.

주일학교 부서는 학령이 아니라 거창 읍내 4개 초등학교를 중심으로 구분된다. 각 부서에는 학생들을 직접 담임하는 73명의 주교사 외에도 차량 수송, 교통 지도, 간식 준비 등으로 보조하는 교사들이 두루 배치되어 있다. 한 성도가 몇 몫을 감당하기도 하는데, 그 숫자를 모두 합하면 무려 430명에 달한다. 한 마디로 온 교우들이 어떤 방식으로든 주일학교 사역에 동참한다는 의미이다.

아이들의 운행이 이루어지는 동안 주방에서는 간식 교사들이 감자튀김을 준비하고, 중고등부 학생들인 보조교사들은 아기들을 업어주거나, 어린 동생들과 놀아주며 각자의 역할을 한다. 어린이 부서를 총괄하는 김혜영 전도사는 "돕는 손길이 많기 때문에 담임교사들이 아이들을 교육하는 일에 더욱 집중할 수 있고, 주일학교 사역 전체가 풍성해집니다."라고 말한다.

드디어 주일학교 예배가 시작되는 오전 9시, 어느 순간 아이들로 가득 찬 예배당은 이병렬 목사의 표현처럼 '꿈동이들의 천국'으로 변해있다. 인도자의 신호에 따라 뛰고 춤추고 노래하는 아이들의 표정과 몸짓에는 마지못해 따라하는 어설픔을 찾아볼 수 없다. 마냥 생기가 넘친다.

30여 분가량 찬양 시간이 진행되는 동안에도 밀려드는 행렬은 멈출 줄 모른다. 통로까지 발 디딜 틈 없이 메워지면, 저학년 작은 아이들은 강단 위로 올라가 말씀을 듣기 위해 준비한다. 놀라운 것은 이런 북새통 속에서도 물 흐르듯 예배의 질서가 유지되고 있다는 것이다.

고사리 같은 두 손을 모아 담임목사의 설교를 위해 기도하는 아이들의 앙증맞은 중얼거림, 낯익은 얼굴이든 처음 만나는 얼굴이든 어른을 보면 일단 고개를 꾸벅이는 정중한 태도, 분반공부 시간에는 책상부터 활동 도구까지 알아서 챙겨오고 정리하는 모습들 속에서 어른 못지 않은 성숙함을 발견할 수 있다. 성품훈련이 잘 이루어지고 있다는 증거이다.

이병렬 목사의 주일학교 설교는 주로 아이들의 성품을 바르게 인도하는 데 초점이 맞춰진다. 총 30개의 성품들 중 오늘의 테마는 23번째 항목인 '겸손'이다. 예수님의 겸손에 대한 가르침을 담임목사가 설교하는 동안, 아이들은 열심히 귀를 기울이며 잔뜩 무엇인가를 기다리는 표정이다.

설교 시간을 대화와 질문 형태로 꾸미기를 좋아하는 이병렬 목사는 오늘도 아이들에게 쉴 새 없이 물음표를 던진다. "하나님은 왜 겸손한 사람을 사용하실까요?", "겸손을 어떻게 실천했는지 발표해 볼 친구?" 바로 이 순간이라는 듯 아이들은 여기저기서 손을 번쩍 든다. 이미 대답할 준비가 충분히 되어있기 때문이다.

담임목사의 설교는 매주일 이어지는 분반공부시간을 통해 재학습이 이루어지고, 오후 2시에 시작되는 주일학교 2부 예배 시간에는 복습게임, 스킷 드라마, 코스체험 등으로 다시 이를 심화하는 활동이 전개된다. 학교나 가정에 돌아가서도 매일 복습할 관련 암송 구절과 실천 과제들이 주어진다. 반복을 통해 아이들은 지혜와 습관을 형성한다. 예배 집중도 함께 높아진다.

오후 3시 반, 오늘도 폭풍 같았던 하루 일과를 마친 아이들이 집으로 돌아갈 공식적인 시간이다. 하지만 아이들 중 상당수는 다시 교사들과 함께 오후 5시에 시작하는 저녁예배까지 참여한다. 이 아이들에게는 예배가 그저 지루하거나 알쏭달쏭한 구경거리일 수가 없다.

교회 다니는 게 재미있느냐는 물음에 초등학교 3학년 태호는 단 1초의 망설임도 없이 "그럼요!"라고 대답한다. 찬양부터 반별활동까지 즐겁지 않은 시간이 하나도 없단다. 겸손을 배우면서 자발적으로 이불 개기를 시작해 부모님으로부터 칭찬도 많이 듣는다는 태호의 꿈은 선교사가 되는 것이다.

예배자로, 사명자로 쑥쑥 크는 아이들. 또 한 주가 지나면 이 꼬마들은 다시 얼마나 자라있을까.

● 거창중앙교회 주일학교의 저력, 불꽃목자 ●

중학교 진학을 앞둔 보미는 '불꽃목자'로서의 마지막 시간을 보내고 있다. 반목장 모임이 열리는 토요일 오후 2시, 선생님을 도와 활동지를 준비하고 소란한 철부지 동생들을 따끔하게 야단치며 자리에 앉히는 보미의 분주한 몸놀림에 능숙함이 서려 있다.

"담임교사인 제 몇 마디보다 맏언니인 보미의 한 마디가 더 잘 통할 때가 많아요. 주일 분반 공부나 토요일 반목장 모임을 하다 보면 인원도 많고, 학년도 다양한 아이들 때문에 정신없을 때가 종종 있는데 우리 불꽃목자의 도움을 크게 받죠." 선생님의 칭찬은 끝이 없다.

보미의 영향력은 아래 학년 아이들에게도 고스란히 발휘된다. 같은 반 남동생인 노아는 선생님과 누나들 앞에서는 한없이 어리광을 부리는 개

구쟁이지만, 자진해서 저보다 나이 어린 동생들을 어부바 해 주며 형 노릇을 톡톡히 한다. 함께 사는 형제나 가족이 많지 않은 요즘 세태에서도 거창중앙교회 아이들은 이런 식으로 질서 있고, 화기애애한 대가족을 경험한다.

거창중앙교회에는 보미처럼 불꽃목자와 중고등부 보조교사를 거쳐, 나중에 정식 교사가 되는 젊은 교사들이 많다. 일종의 교사 도우미라고 할 수 있는 '불꽃목자'의 자격은 주일학교에서 모범적으로 활동하는 학생들에게 부여된다. 담임교사의 추천을 받아야 하고, 2명 이상을 전도해야 하며, 시험(TEST)이라는 관문까지 통과해야 하니 아무나 얻을 수 있는 자리가 아니다.

무학년제로 운영되는 주일학교 체제에서 불꽃목자의 역할은 대단히 중요하다. 평소 생활에서부터 동생들이나 새로 전도한 친구들에게 신앙적인 모범이 되어야 하고, 선생님이 가르치는 데 집중할 수 있도록 학습 도구와 간식을 챙기는 등 할 일도 많다. 토요 휴무제 등으로 교사들의 학교 방문 전도가 어려워진 요즘에는 불꽃목자들이 또래들을 전도하는 데 첨병 역할을 한다.

주일학교 부장으로 섬기는 박○○ 집사는 "불꽃목자로 세워지는 아이들은 연말에 담임목사님이 직접 임명하여 파송하고, 겨울방학 기간에는 별도의 수련회를 열어 사명감을 심어줍니다."라고 하면서, 이 아이들이 장차 교회의 훌륭한 동역자로 자라날 것이라고 자신한다.

● 교사들의 전천후 사역 ●

토요일 낮 12시, 교사들이 주일학교 사역에 돌입하는 시간이다. 교사들은 주말 오후에 진행되는 반목장 모임에 앞서 한 시간가량의 기도회를 갖는다. 정오에 시작하는 예배에 참석하려면 적어도 한두 시간 전부터 준비를 해야 한다. 사실상 주말에 누릴 수 있는 달콤한 휴식을 포기하는 것이다.

점심 식사는 기도회가 끝난 후 반목장 모임에 나오는 아이들과 함께 한다. 반목장은 어른들의 구역 예배와 같은 개념의 모임이다. 지난 주일에 배운 성품훈련의 내용을 복습하고, 체험활동 등으로 학습을 더욱 확장하는 형식으로 진행된다.

수업 도중 반드시 한 번 이상은 구원의 확신을 점검하고, "너희는 세상을 비추는 아이들이 될 거야."라는 격려를 잊지 않는다. 불꽃목자들을 따로 격려하고 사명을 일깨우는 역할도 해야 하고, 아이들의 가정을 위해 기도하는 시간도 갖는 등 교사들이 챙길 일은 한둘이 아니다.

당초 거창중앙교회는 'JJ토요교실'이라는 이름으로 아이들의 특기 적성을 위한 프로그램을 운영했다. 하지만 성품훈련의 내실화에 집중하고자 반목장 형식의 모임으로 이를 대체하고 있다. 교사들이 감당해야 할 사역의 몫이 더욱 커진 것이다.

주일에도 이른 아침부터 12시간가량을 아이들과 씨름하며 보내는 교사들이 토요일까지 시간을 바쳐 섬기는 일이 대체 어떻게 가능할까 싶기도 하다. 그뿐만이 아니다. 상당수 교사들은 매일 저녁 8시부터 교회당에 나와 두 시간여 동안 교사 교육과 아이들을 위해 기도하는 시간을 갖는다.

무학년제에다 중고등부에 진학할 때까지 무한책임제로 주일학교를 운영하다 보니 한 번이라도 출석한 아이들은 끝까지 담임교사의 책임으로 남는다. 그 때문에 한 반의 재적이 수십 명에 이르는 경우도 적지 않고, 아이들을 일일이 챙기고 날마다 아이들을 위해서 기도하는 교사들은 거의 목회자에 버금가는 수준의 에너지를 쏟아내야 한다.

상황이 이러함에도 거창중앙교회 교사들의 표정에는 버거워하거나, 지쳐 고갈된 기색이 보이지 않는다. 자영업을 하는 교사들은 아예 토요일부터 가게 문을 닫고 섬길 정도로 개개인 열정의 강도가 뜨겁다. 사명감과 도전 정신으로 무장한 새로운 일꾼들이 계속해서 교사로 세워지며 장기적으로 헌신하는 이들의 수는 오히려 더 늘어나고 있다.

거창중앙교회에서 주일학교 사역이 본격화된 2004년부터 무려 13년 동안 이 같은 강행군을 펼치고 있음에도 대오가 흔들리지 않는다는 것은 외부에서 보기에 기적에 가깝다.

"부임 초기만 해도 교회에 아이들의 숫자는 5~6명에 불과했어요. 그런데 목사님 부임 후, 매일 기도회를 통해 교사들의 가슴에 불이 붙자, 불과 4년여 만에 재적 1,000명 규모의 주일학교로 성장했습니다. 아무 것도 보이지 않던 불모의 땅에서 숲을 이룬 셈이지요. 하나님께서 일하심을 체험한 후부터는 모두가 확신 속에서 교사 직분을 감당하게 됐죠."

주일학교 실무를 총괄하는 박○○ 집사는 스스로가 교회를 통해 인생의 변화를 경험한 산 증인이다. 주일학교에 먼저 다니기 시작한 자녀들로 인해 교회에 출석하게 되었고, 평신도와 교사 시절을 거쳐 현재는 주일학교 부장직을 맡고 있다. 큰아들 민수는 교회의 파송을 받고, 현재 필리핀에서 선교사 훈련과 학업을 병행하는 중이다.

박 집사의 경우처럼 거창중앙교회에서 주일학교 사역은 종종 가정 전체를 구원으로 인도하는 매개체가 된다. 한 아이를 5~6년가량 지도하다 보면 부모조차 알지 못하던 아이의 고민이나 습관 같은 것을 교사가 더 많이 이해하게 되고, 이를 통해 아이의 가족들과 접촉점을 만들고 전도로까지 이어질 수 있는 여지가 늘어나는 것이다.

교사들이 이처럼 든든한 사역자로 서게 된 데는 담임목사의 지속적인 동기부여와 솔선하는 리더십도 큰 몫을 한다. 강단에 설 때마다 "다음세대를 향한 하나님의 불타는 심정을 알자!", "우리는 하나님 앞에 한국교회의 시범조 역할을 해야 한다!"는 메시지로 끊임없이 교사들의 심장박동수를 상승시킨다.

동시에 어떤 교사들보다도 열심히 기도하고, 아이들을 위한 교육에 최선을 다하는 모습으로 본을 보인다. 결코 부교역자나 교사들에게만 책임을 맡기거나, 일방적으로 무거운 짐을 지우지 않는다.

예배시간마다 아이들이 담임목사와 흡사한 억양과 단어들로 기도하고,

똑같은 몸짓으로 찬송하는 모습을 지켜보는 것은 퍽 흥미로운 일이다. 담임목사에서 교사로, 그리고 학생으로 이어지는 신앙적인 모델링이 원활하게 이루어진다는 증거라 하겠다.

초창기에 주일학생이었던 인물 중에서는 벌써 장성해, 주일학교 교사 역할을 하는 경우도 있다. 이들이 대를 이어서 그 다음세대를 키우고, 주일학교를 세우는 구심점으로 자리 잡으면서 거창중앙교회는 더욱 든든한 공동체로 서가는 중이다.

한 성도는 이렇게 고백한다. "주일학교가 부흥하면서 저처럼 나이든 교인들도 희망을 갖게 됐습니다. 꿈을 가지니 교회가 더욱 밝아지고, 신앙생활을 하는 것이 행복합니다." 교사들은 아이들만 세우는 것이 아니다. 교회를 세우고, 나아가 하나님 나라를 세우는 첨병들이다.

정재영 기자 / 2014년 7월 9일 자 기독신문

PART 2

한 명의
어린 영혼으로부터
시작되는 부흥

"누구든지 내 이름으로 어린아이 하나를 영접하면…"

한국교회의 골든타임은 '한국교회 주일학교의 골든타임'이다.
앞으로 10년 동안 다음세대 사역에
전향적인 변화와 과감한 투자가 반드시 일어나야 하며,
만약 이 시기를 놓친다면 한국교회도 이미 퇴색해
회생불능 상태에 빠진 유럽교회의 뒤를 따르게 될 것이다.
상상해 보라.
어린이들도, 젊은이들도 사라지고 연세 많은 노인들만
듬성듬성 자리를 지키는 휑한 예배당 풍경을 ….

children
교회의 미래,
어린이 안에 다 있다

1
하나님의 심정으로 어린이를 영접하는 교회가 있는가?

　　어릴 적 다니던 교회에서 어른들을 따라 부흥회에 참석했다가 생경한 명령어 하나를 배웠다. 지금은 자주 들을 수 없지만 당시 부흥사들이 흔히 사용하던 "불 받아라!" 하는 말씀이었다. 당시로서는 '불'이라는 게 무엇을 가리키는지, 또 불을 받으면 대체 사람이 어떻게 된다는 것인지 이해할 길이 없었다.

　　목회와 다음세대 사역에 오랜 시간 진력하면서 비로소 '불'의 의미를 깨닫게 되었다. 구원받아야 할 생명들을 향해 하나님 마음속에서 타오르는 안타까움과 끝없는 사랑이 바로 '불'의 정체이고, 그 마음을 고스란히 우리 가슴에 가져와 품는 게 '불 받는다'는 말의 참된 뜻이라는 것이다. 우리 교회에서 헌신된 아이들에게 '불꽃목자'라는 별칭을 붙여준 데는 이런 배경도 작용한다.

성령께서 깨닫게 하신 말씀

특히 다음세대를 향한 주님의 불타는 마음은 성경 여러 곳에서 확인할 수 있다. 그중에 대표적인 말씀이 바로 마태복음 18장 5절이다.

"또 누구든지 내 이름으로 이런 어린아이 하나를 영접하면 곧 나를 영접함이니"(마 18:5).

이 짧은 구절 가운데 아이들을 사랑하는 마음으로 마치 활화산처럼 이글이글 타오르는 하나님의 심정이 적나라하게 드러나 있다. 바로 다음 구절을 보면 어린아이를 얼마나 소중하게 여기시는지 더욱 분명하게 드러난다.

"누구든지 나를 믿는 이 작은 자 중 하나를 실족하게 하면 차라리 연자 맷돌이 그 목에 달려서 깊은 바다에 빠뜨려지는 것이 나으니라"(마 18:6).

언뜻 생각하면 아직 아무것도 모르는 어린아이 하나를 영접하는 것과 하나님의 본체이시며 우리의 구주 되시는 예수님을 영접하는 것이 어떻게 똑같은 일일 수 있을까 하는 의문이 든다. 철부지 어린아이를 거룩하신 하나님의 위치까지 끌어올리라는 뜻일까? 상식과 논리만 가지고서는 아무리 씨름해도 절대로 그 의문을 풀 수 없다. 본인 역시 마찬가지였다.

해답은 오로지 하나님의 심정 그대로를 자신의 가슴으로 옮겨올 때 비로소 찾을 수 있다. 어느 날 문득 이 말씀에 대한 하나님의 진심이 강렬하게 부딪치는 순간이 다가왔다. 마치 주님께서 이렇게 속삭이시는 듯했다. '내 마음이 그러하다.'

궁금했다. 더 자세히 알기 위해 하나님의 마음에 점점 가까이 다가가고 싶었다. 마침내 성령께서 깨닫게 하신 이 말씀의 깊은 뜻은 대략 이러했다. '어린아이에게 나와 같은 심정으로 다가가고 대접하는 순종의 사람이 있느냐? 그런 교회가 있느냐? 만약에 그런 사람이, 그런 교회가 있다면 하나님 앞에서 큰 상을 받을 것이다.'

학교에서는 공부 잘하는 학생들에게 우등상을 준다. 아주 잘하는 학생들은 장학금도 받는다. 주님께서도 다시 오실 때 우리 각자에게 주실 수고의 상이 있다고 약속하셨다.

"보라 내가 속히 오리니 내가 줄 상이 내게 있어 각 사람에게 그가 행한 대로 갚아 주리라"(계 22:12).

약속하신 그 상을 받고 싶다면 우리가 해야 할 일은 분명하다. 성경 말씀대로 다음세대를 주님처럼 불타는 가슴으로 열심히 돌보고 섬기는 일이다. 청년세대, 장년세대, 노년세대는 대충 소홀히 여겨도 된다는 이야기가 아니다. 하나님의 자녀라면 누구든지 나이를 불문하고 고귀한 존재로 존중받으며, 사랑으로 보살핌을 받아야 한다. 하지만 그 중에서도 자라나는 어린세대, 즉 다음세대는 우리가 결코 잃어버리지 않도록 더욱 정성을 쏟아야 할 대상들이라는 말이다.

어린아이를 귀중하게 여기는 마음

다음세대를 향한 하나님의 심정을 대변하는 또 하나의 성경 본문이 있다. 바로 요나서 말씀이다. 요나서라고 하면 사람들은 커다란 물고기나 박 넝쿨부터 생각한다. 하지만 이 말씀의 핵심은 다른 데 있다. 바로 어린이들을 향한 하나님의 넘치는 사랑을 극적으로 보여주는 것이다. 요약하자면 이런 내용이다.

니느웨 백성들이 회개한 후 당초 예고된 심판이 철회되자 속이 상한 선지자 요나에게 하나님은 시원한 그늘을 선물하신다. 요나는 그 작은 그늘에 감격한다. 그런데 그늘을 만들어주던 박 넝쿨에 벌레가 들어, 그만 박 넝쿨은 시들어 버리고 그늘 또한 사라지고 만다. 요나는 금세 다시 불평을 시작하는데, 비로 그 순간 하나님의 음성이 들린다.

"여호와께서 이르시되 네가 수고도 아니하였고 재배도 아니하였고 하룻밤에 났다가 하룻밤에 말라 버린 이 박넝쿨을 아꼈거든 하물며 이 큰 성읍 니느웨에는 좌우를 분변하지 못하는 자가 십이만여 명이요, 가축도 많이 있나니 어찌 아끼지 아니하겠느냐 하시니라"(욘 4:10-11).

여기에서 '좌우를 분변하지 못하는 자'라는 대목을 신학대학원 재학 시절 은사님께서 '4살 이하의 어린아이'를 지칭하는 표현이라고 해석해 주신 기억이 난다. 다시 말해, '니느웨가 아무리 이스라엘 백성들의 철천지원수라도, 어찌 저 귀중한 어린아이들과 함께 니느웨를 멸망시킬 수 있겠느냐!'라는 의미이다. 어린아이를 향한 하나님의 마음이 그러하시다는 뜻이다.

앗수르는 하나님을 대적하며 이스라엘을 잔인하게 괴롭힌 당대의 대제국이었으며, 니느웨는 그 제국의 수도였다. 요나를 비롯한 이스라엘 백성들에게는 물론이고 하나님의 눈에도 당연히 멸망 받아 마땅한 존재였으니, 마침내 주님은 니느웨에 대한 심판을 작정하며 기왕에 요나의 입을 통하여 선포까지 하셨다.

하지만 결국 하나님께서는 그 마음을 돌이키신다. 그 주인공은 다름 아닌 어린아이들이었다. 끝내 아이들을 내칠 수 없으셨던 하나님의 마음을 과연 우리는 다 헤아릴 수 있을까.

다음세대를 귀중하게 여기는 마음을 품는 것, 그것이 바로 하나님의 대적 중의 대적인 니느웨의 어린아이들까지 아끼셨던 하나님의 불타는 마음을 본받은 것이다.

다음세대 사역을 위해 일어서는 성도들

성도들은 이상의 말씀들을 귀에 못이 박히도록 수없이 반복해서 들어왔다. 사실 교회 강단에서 외치는 설교의 결론은 거의 대부분 이 지점에서 만난다. 만약 누군가 이 말씀에 거부감을 느끼거나 지겹다는 생각이 들었다면 도저히 버티지 못하고 교회를 떠나고 말았으리라.

하지만 다행히도 아직까지 그런 반응을 보인 성도들을 만나지 못했다. 오히려 설교자의 메시지에 진정으로 화답하고, 기꺼이 순종하며 헌신하는 동역자들이 되어 주었기에 교회의 다음세대 사역은 더욱 값진 결실을 거둘 수 있었던 것이다.

어느 집회에서 앞에서 다룬 마태복음 18장의 말씀을 전한 적이 있다. 설교를 마치고 강단에서 내려오는데 40대쯤으로 보이는 어느 여집사님이 심상치 않은 표정으로 다가오는 것이었다. 가만히 보니 몸까지 부들부들 떨고 있었다. "목사님! 저 어떡해야 하지요?"라고 다짜고짜 묻는 말에 당황스러웠다.

사연을 들으니 아이들을 실족하게 하지 말라는 메시지 속에서 과거 자신이 한 아이를 크게 야단쳐 상처를 준 일이 생각나 마음에 큰 찔림을 받았다는 것이다. 말씀을 대하는 그 집사의 순수한 태도가 귀해 보여서 함께 기도하며 주님의 용서를 구하고, 성령께서 새롭게 하시는 능력으로 교사의 사명을 더욱 잘 감당하도록 격려했다.

부디 한국교회 곳곳에서 이 말씀 앞에 순전한 마음으로 화답하고, 깨달은 바를 실천하는 성도들이 무수히 일어서기를 소망한다. 행여 과거에 실제로 어린아이를 실족케 하는 잘못을 저지른 적이 있다 해도 결코 낙심하지 말자. 하나님 앞에 육신과 마음의 무릎을 꿇어 회개하면 하나님께서 용서하시고, 다시 마음속의 불씨를 살려 주시며 회복시켜 주신다.

2

왜 어린아이에
주목해야 하는가?

　1996년 개봉된 미국영화〈아름다운 비행〉은 마치 꿈을 꾸는 듯 아름답고 뭉클한 감동에 더하여 교육에 대한 깊은 영감까지 일깨워 주는 작품이다. 이 영화에 등장하는 새끼 야생 거위는 나는 법을 알지 못한다. 보살펴 줄 어미 새가 없는 상태로 알에서 깨어났던 것이다.
　조류의 생태에 대해 공부했거나, 이 작품을 감상한 적이 있는 사람들은 알고 있겠지만 야생 거위는 알을 깨고 나와 처음 만나는 상대를 어미로 여기고, 모든 행동을 똑같이 흉내 낸다. 영화 속 새끼 야생 거위는 자신을 품고 부화를 도와준 소녀를 바로 그들의 어미로 여겼다. 에이미가 걸어가면 따라 걷고, 에이미가 뜀박질을 하면 따라 뛰었다.
　에이미에게도, 야생 거위에게도 즐거운 나날이었지만 쉽지 않은 문제가 있었다. '새'라는 본래의 정체성을 새끼 야생 거위가 찾지 못한다는 것이었다. 야생 거위를 몹시 아껴 무슨 일이든 도와주려는 에이미였지만 새끼가 날도록 가르칠 수는 없었다. 날개를 지닌 진짜 엄마가 아니었기 때문이다.

더구나 야생 거위는 기러기과에 속하는 철새였다. 에이미와 지내는 곳에서는 겨울을 날 수 없었다. 결국 에이미의 아버지와 이웃들이 경비행기를 이용하는 지혜를 발휘해, 야생 거위가 날아오르고 따뜻한 지역으로 이동하도록 도와주는 데 성공하는 장면으로 엔딩이 장식된다.

이 영화는 내 어린 시절을 잠시 반추하게 만들었다. 네 살까지 어머니하고만 지냈다. 아버지는 해군사관학교가 있는 진해로 내려가 가족과 떨어져 지내며 잠수복을 개발하는 업무에 전념하셨다. 집에는 오로지 어미 새와 새끼 야생 거위를 닮은 두 모자뿐이었다.

당시 어머니는 말씀을 통해 깊은 은혜를 체험하고 계셨다. 덕분에 어머니로부터 교회에 가서도 성경이야기, 집안에 단 둘이 있을 때도 성경이야기를 들으며 유아 시절을 보냈다. 어머니의 기도 소리를 들으며 잠들었고, 어머니의 손을 잡고 예배당에 가는 일이 중요한 일과였다. 그렇게 어머니에게서 배운 신앙이 고스란히 어린 나를 키우는 자양분이 되었다. 오늘날의 인생과 신앙의 결정적 토대는 틀림없이 그 시절에 형성된 것이라고 자신 있게 말할 수 있다.

위력 있는 가르침은 어린 시절에 이루어진다

잠언 22장 6절에서는 "마땅히 행할 길을 아이에게 가르치라. 그리하면 늙어도 그것을 떠나지 아니하리라."라고 교훈한다. 이 말씀에는 가장 위력있는 가르침은 어린 시절에 이루어진다는 또 다른 명제가 내포되어 있다. 새끼 야생 거위의 스토리나 어린 시절의 일화도 그 명제가 참인 것을 입증한다.

그렇다면 이 말씀에서 지칭하는 '아이'는 대략 어느 시기를 가리키는 것일까? 히브리어 성경에서는 여기에 '나아르'라는 단어를 사용한다. '나아르'는 젖먹이, 심지어 산모의 배 속 태아까지도 '나아르'에 해당한다고 본다.

좀 더 '아이'의 범위를 좁혀볼 수는 없을까? 앞서 요나서를 통해 살펴보았던 '좌우를 분변치 못하는 자'를 이 항목에 대입해 보면 비교적 쉽게 답을 찾을 수 있다. 4세 이하 아동들의 교육이 신앙에 있어서나 삶에 있어서나 대단히 중요하다는 것이다.

교육학이나 심리학 분야에서도 4세 이하 시기의 부모와 자녀 사이의 애착 관계를 주목한다. 이 시기를 잘못 보내면 대인관계와 성격 형성에 문제가 생기고, 청소년기나 성년기가 되어서까지 탈선할 위험이 높다는 연구 결과들이 있기 때문이다.

여러분의 가정에나 주변에 혹시 부모 속을 심하게 썩이는 자녀들이나, 깊은 열등감에 빠진 자녀들이 있지 않은가? 만약 그렇다면 4세 이하 시절의 교육에 문제가 있을 소지가 크다. 따라서 이 시기의 자녀를 둔 부모들은 아이들 양육에 더욱 심혈을 기울여야 한다.

다음으로 '가르치라'는 단어에 집중해 보자. 이 단어에 해당하는 히브리어는 '하나크'이다. '하나크'에는 다양하고 풍부한 여러 의미들이 담겨 있는데 그중 대표적인 것이 '좁히다', '맞추다', '연단하다', '바치다'

등이다. 성경은 세상과 달리 넓고 쉬운 길을 가르치지 않는다. 하나님을 향해, 말씀을 향해 시선을 집중하고 좁은 길, 구별된 길, 힘든 길을 걷도록 지도한다. 십자가를 지시고 골고다 언덕을 오르시는 예수님의 십자가 길을 걷기 위해서는 어려서부터 연단 받으며, 자신을 바치는 훈련을 해야 한다.

다음세대의 골든타임

지금까지의 이야기를 종합하자면 잠언의 말씀은 이렇게 표현할 수 있다. '마땅히 행할 길(좁은 길)을 태중의 새 생명 때부터 가르치라. 하나님 말씀에 합당하게 가르쳐서 행동화시켜라. 그래서 하나님 앞에 온전한 사명자로 만들라.'

그렇다면 우리는 이 말씀을 구체적으로 어떻게 실천해야 할까? 다른 이야기들은 일단 뒤로 미뤄두고, 여기서는 '더욱 어린나이에 시작하자'라는 데만 초점을 맞춰보겠다.

세계적인 선교전략가 루이스 부시 목사와 미국 뉴욕에서 프라미스교회를 담임하는 김남수 목사님은 '4/14 선교 운동'을 주도하고 있다. 20세기 세계선교의 초점이 북위 10~40도 지역에 집중하는 '10/40 윈도우' 전략에 맞춰졌다면, 21세기 선교는 '지역에서 세대로' 초점을 바꿔 복음에 대한 수용성이 좋은 4세부터 14세까지의 어린이들을 타깃으로 삼는 '4/14 윈도우 전략'으로 도전해야 한다는 것이다.

어린이 사역에 집중하지 않으면 더 이상 교회에 희망도 미래도 없다는 것이 이들의 진단이다. 실제가 그렇다. 서구의 교회들은 급속히 노령화되었고, 다음세대들에게 신앙을 계승하는 데 실패했다. 그 결과가 과거 화려한 외관에 사람들로 가득한 풍경을 자랑했던 유럽의 예배당들이 텅텅 비다 못해 관광지로, 술집으로, 심지어 이교도의 사원으로 전락하고 만 현실로 나타나고 있지 않은가.

오늘의 한국교회도 다음세대 사역에 안이하게 대처하다가 자칫하면 서구교회들의 전철을 밟게 될 위기에 처해있다는 게 전문가들의 냉엄한 현실 인식이다. 부디 이런 다음세대 부흥 운동을 통하여 세상의 모든 교회 본당에 어린이들로 가득 차는 환상이 실현되기를 소원한다.

같은 맥락에서 미래 학자이자 목회자인 최윤식 박사도 2013년 자신의 저서 『2040 한국교회 미래지도』를 통해 '21세기 한국교회의 골든타임'을 이야기한 적이 있다. 골든타임(golden time)은 본래 의학용어로, 사건이나 사고 현장에서 인명을 구할 수 있는 금쪽 같은 시간을 가리킨다. 이 용어를 교회에 적용하여 향후 10년이 한국교회의 마지막 골든타임이라고 주장한다.

좀 더 명확히 이야기하면 한국교회의 골든타임은 '한국교회 주일학교의 골든타임'이다. 앞으로 10년 동안 다음세대 사역에 전향적인 변화와 과감한 투자가 반드시 일어나야 하며, 만약 이 시기를 놓친다면 한국교회도 이미 퇴색해서 회생불능 상태에 빠진 유럽교회의 뒤를 따르게 될 것이라는 경고이다.

상상해 보라. 어린이들도, 젊은이들도 사라지고 연세 많은 노인들만

듬성듬성 자리를 지키는 휑한 예배당 풍경을.

이런 비극을 막기 위해서라도 한국교회는 다음세대 사역, 그중에서도 어린이 사역에 황급히 나서야 한다. 최윤식 박사가 골든타임을 말한 뒤 어느새 여러 해가 훌쩍 지나갔다.

이제는 정말 시간이 얼마 남지 않은 셈이다. 망설이고 머뭇거리는 순간에도 시간은 흐른다. 카운트다운이 시작되면 이미 늦는다. 지금이라도 시작하라. 어린이들을 데려다가 가르치라. "다음세대 골든타임을 놓치지 말라!"

3

아이들의 마음에
말씀의 레일을 놓아라

2012년 미국 오하이오 주 콜럼버스에서는 화물열차의 탈선 사고가 발생했다. 열차 14량이 전복되고 화재까지 일어났다. 당시 열차에는 강력한 인화성 물질인 에틸알코올이 실려 있었는데, 이 때문에 연쇄 폭발을 우려하여 사고가 난 철로 반경 1마일 이내에 거주하고 있던 주민 5천여 명이 긴급 대피하는 소동이 벌어지기도 했다.

우리나라에서도 1993년 부산 구포역에서 엄청난 탈선 사고가 난 적이 있다. 철로 인근에서 전개된 발파작업 때문에 선로가 함몰된 상태였는데, 그 사실을 모르고 열차가 지나다 탈선하는 바람에 무려 74명이 목숨을 잃고 200여명이 부상을 당한 커다란 참사였다. 뒤틀린 레일 하나가 이토록 처참한 결과를 초래한다.

열차 수송이 제대로 되려면 기관차와 객차 등의 차체와 엔진도 중요하지만, 레일이 차지하는 비중이 몹시 크다고 할 수 있다. 레일은 간격이 정확히 맞아야 하고, 원심력을 고려해 기울기 조절도 잘해야 한다.

또한 바닥을 채우는 자갈까지 꼼꼼히 신경을 써야 하는 게 바로 기차선로이다.

  레일만 잘 갖춰져 있다면 기차는 눈길이든 산길이든 어디라도 빠르고 수월하게 갈 수 있다. 하지만 예를 들어 레일이 지그재그 모양처럼 비정상적으로 놓여 있다거나, 어느 한 부분에라도 심각한 결함이 생겼다면 대참사는 언제든지 재발할 것이다.

탈선세대로 전락하는 다음세대

  앞서 살펴본 히브리어 '하나크'라는 단어를 영어 성경에서는 'train up'으로 번역한다. 자주 사용하는 뜻은 '이끌어(train) 올리는(up) 것'을 말하는데, 이 표현에 교육적인 의미가 더해지면 '가르치다', '훈련하다'라는 뜻을 나타낸다. 아이들을 더 높은 단계로 끌어올리는 것을 바로 교육이라고 생각한 것이다.

  사실 영국인 제임스 와트가 증기기관을 개발하고 이를 활용한 기차에 'train'이라는 이름을 붙여주기 전까지, 본래 그 단어는 어원인 라틴어 '트라호'에서처럼 '이끌다', '가르치다'라는 뜻으로 사용되고 있었다. 어떤 면에서 교육이란 아이들의 마음에 기차 레일을 깔아, 바른길로 이끌어 주는 일이다. 레일이 반듯하다면 아이들도 올곧게 자라날 것이다. 하지만 레일이 삐뚤어졌다면 아이들은 말 그대로 '탈선세대'가 될 것이다.

이 땅의 다음세대가 탈선세대로 전락하고 있다는 증거들은 매일 쏟아지는 뉴스들 속에서 얼마든지 찾을 수 있다. 대표적인 사례가 바로 게임중독에 빠진 아이들로 인해 벌어지는 끔찍한 사건들이다.

온라인 게임에 빠진 중학생이 자신을 나무라는 엄마를 살해하고 본인도 자살해 버린 사건. 초등학교 6학년짜리가 게임을 너무 많이 한다고 꾸중을 들은 후 게임머니로 쓰기 위해 집안에 있던 돈 2,000만 원을 훔쳐 달아난 사건. 잔혹한 살상게임을 즐기던 아이가 살인의 느낌이 궁금하다며 손도끼를 구입해서는 어린 동생을 사망하게 만든 사건 등이 벌어지고 있다.

이런 아이들이 자라서 어른이 된다고 문제가 저절로 없어지는 게 아니다. 어느 젊은 의사가 스트레스를 해소하기 위해 시작한 컴퓨터 게임 때문에 심각한 중독 상태에 빠지자 부부싸움이 벌어졌는데, 그만 자제력을 잃고 만삭 상태에 있던 아내를 살해한 일이 보도된 적이 있다. 한창 게임 중인데 26개월 된 아기가 보챈다고 입을 막아 질식사시킨 비정한 아빠의 이야기도 있다. 모두가 잘못된 레일을 따라 달리다가 벌어진 또 다른 참사들이다.

게임에 빠진 아이들

본디 인터넷 그 자체가 악한 도구는 아니다. 사용하기에 따라서는 사람들의 생활을 풍요롭게 하고, 인류 문명을 발전시키는 선한 도구로 역할을 할 수 있다. 인터넷을 통해 지구촌은 서로 더욱 가까워지고, 인류는 넘쳐나는 지식의 샘물을 얻는다. 개인적으로도 인터넷을 통해 많은 정보를 수집하면서 설교 준비 등에 큰 도움을 받고 있다. 그러나 악한 세대는 이것마저 추악한 쾌락과 돈벌이 도구로 사용하여, 세상의 종말이 더 가까이 다가왔음을 실감 나게 한다.

게임을 통해 새로운 아이템을 획득하거나 더 높은 레벨에 오르는 재미, 이른바 '득템', '렙업', '파티' 재미에 빠지게 하는 것이 아이들로 하여금 몇 시간씩 심지어 며칠씩 게임의 세계에서 빠져나오지 못하도록 만드는 대표적 전술이다. 그 결과 건강한 자극과 성장 과정을 거쳐야 할 아이들의 두뇌가 망가지거나 무력해지는 현상이 나타난다고 한다.

어린이주일학교에서 설교하다 보면 가끔 멍한 표정으로 앉아있는 아이들이나, 반대로 주의가 너무 산만해 집중하지 못하고 다른 사람에게까지 불편을 끼치는 아이들이 있다. 물론 다른 원인들도 있겠지만 이런 자녀를 둔 부모들은 한 번쯤 게임 중독을 의심해봐야 한다.

게임 산업에 종사하는 지인으로부터 들은 이야기인데, 사람들이 가장 짜릿해 하는 게임은 바로 '사람의 목을 자르는 게임'이라고 한다. 워낙 선정적이고 엽기적인 게임이어서 화면 속에 사실적으로 묘사되는 살인 장면에 처음에는 질겁하던 사람들도, 두 번 세 번 해당 게임을 즐기다 보면 점점 마음이 무뎌지고 나중에는 중독 상태에 이른다는 것이다. 그 증세가 심해질 경우에는 가상과 현실을 구분 못하고, 부모형제와 자신의 목숨까지 위태롭게 할 수 있다.

인터넷상에 떠도는 게임 용어 중에 '현질'이라는 말이 있다. 게임 현장에서 더 좋은 성적을 내기 위해 많은 돈을 들여 값비싼 유료 아이템을 마구 사들이는 것을 말한다. 결국 돌아오는 것은 입이 떡 벌어질 정도로 거금이 적혀 송달되는 휴대폰 요금 청구서이다.

나아가 '현피'라는 말도 있다. 게임을 통해 가상공간에서 대결을 펼치던 아이들이 상대를 향한 분노와 적개심을 달래지 못하고, 현실에서 서로 만나 기어이 목숨 건 싸움을 벌이는 것을 가리킨다. 문제의 심각성은 이루 다 말할 수 없다.

바르고 튼튼한 레일을 만들어 주라

인터넷이 가상공간이라고 해서 실체마저 없는 것은 아니다. 그 가상공간은 내 마음속에 있는 것이다. 그 공간에 무엇을 채우느냐에 따라 전혀 다른 인생을 살게 된다. "선한 사람은 그 쌓은 선에서 선한 것을 내고, 악한 사람은 그 쌓은 악에서 악한 것을 내느니라."(마 12:35)라고 하신 예수님의 말씀을 잊어서는 안 된다.

사도 바울도 제자 디모데에게 말세에 고통 하는 때에 나타날 사람들의 타락한 면면들을 미리 말하면서 결론적으로 "경건의 모양은 있으나 경건의 능력은 부인하니 이 같은 자들에게서 네가 돌아서라"(딤후 3:5)고 경고한다.

어떤 계기든 주어지기만 하면 탈선세대로 쉽게 전락할 소지가 다분한 우리의 아이들이다. 그러니 게임머니로 쉽게 전환할 수 있는 문화

상품권을 선물이나 시상품으로 아이들에게 함부로 주는 것도 다시 생각할 필요가 있다. 뒤틀린 레일을 그 앞에 놓은 마귀와 탐욕스러운 기성세대들 때문에 다음세대가 죽어가고 있다. 그래서 아이들이 사망의 길로 빠지기 전에 바르고 튼튼한 레일을 만들어주는 것이 오늘 우리가 해야 할 급선무인 것이다.

바르고 튼튼한 레일이란 다름 아니라 아이들의 가슴에 깊이 새겨 주어야 할 진리의 말씀이다. 특히 태중에서부터 부모와의 애착이 강한 4세 이하의 시기까지 아이가 말씀에 가까워질 수 있도록 반복해서 성경말씀을 들려주고, 좋은 신앙 습관을 길러주는 게 꼭 필요하다.

유대인들이 어려서부터 모세오경을 암송하며 신실한 하나님의 백성으로 자라난 것처럼, 우리 아이들도 말씀을 통하여 거룩한 성품을 지닌 주의 자녀로, 경건의 능력을 갖춘 세대로 커 나갈 수 있도록 부모와 교사들이 도와야 한다. 대참사로 이어질 탈선을 막고, 열차가 생명의 길로 힘차게 달릴 수 있도록 이끌어 주어야 한다. 더 어릴 때 예수님의 십자가 복음을 마음속 깊이 새겨 주어야 한다.

4

아이들,
교회를 살리는 킹핀이다

볼링을 해 본 사람들이라면, 자기 손을 떠난 공이 열 개의 핀들을 모조리 쓰러뜨릴 때의 그 짜릿함을 잊지 못한다. 초보자들이야 볼이 양쪽 홈에 빠지지 않도록 레인 중앙으로 보내는 일이 최대 해결 과제이겠지만, 점점 볼링 경력이 쌓일수록 스트라이크 성공률을 높이는 데 집중한다.

그런데 무턱대고 공을 중앙에 던진다고, 강한 힘을 실어 보낸다고 스트라이크가 되는 것은 아니다. 전문가들은 '킹핀'에 집중해야 한다고 조언한다. 볼링을 한 번이라도 직접 해 보거나 경기를 구경한 사람들은 알겠지만, 핀들이 역삼각형 형태로 세워져있어서 단번에 전부 쓰러뜨리는 게 결코 쉬운 일은 아니다.

하지만 신기하게도 특정 핀 하나를 잘 공략하면 나란히 세워진 모든 핀들을 함께 넘어뜨릴 수 있다. 그 핀을 바로 '킹핀'(king pin)이라고 부르는데, 10개의 핀 중에 한가운데 위치한 5번 핀이다. 킹핀에 어떻게 접근하느냐에 따라서 스트라이크 성공 확률이 달라진다.

킹핀이라는 말은 볼링뿐만 아니라, 복잡하고 난해한 문제들을 명쾌하게 해결할 수 있는 핵심적 대목을 가리키는 용어로도 쓰인다. 요즘 뉴스 기사에는 '난마처럼 얽힌 한국경제, 킹핀 찾아 활로 뚫는다'는 식의 제목이 올라오곤 한다.

그렇다면 과연 오늘날 교회에 닥친 어려움들을 속 시원히 해결할 수 있는 '킹핀'의 존재도 찾을 수 있을까? 거창중앙교회는 하나님께서 일러주신 다음세대 사역을 바로 킹핀으로 삼았다. 갈수록 좋은 성과들이 나왔고, 주일학교뿐 아니라 목회 전반이 함께 건실해졌다.

다음세대 사역을 인생의 킹핀으로 삼은 사람

우리 교회처럼 다음세대 사역을 자신의 인생에 킹핀으로 삼은 사람이 있다. '백화점의 왕'이라고도 불리는 존 워너메이커이다. 남성복 전문점 경영으로 출발한 그는 훗날 미국 최초의 백화점을 설립해, 성공적인 경영으로 명성을 떨쳤다.

자신의 달란트를 다른 분야에도 활용해 정부 체신부 장관을 지내는가 하면, 전 세계에 기독교청년회(YMCA)를 설립하는 일에도 앞장섰다. 오늘날 우리나라 어버이날의 원조 격인 '어머니의 날' 제정에 크게 기여한 인물로도 알려져 있다.

하지만 워너메이커 본인에게 있어 가장 중요한 것은 백화점 사업이나 정치가 아니라 바로 주일학교였다. 그는 무려 67년 동안이나 주일학교 교사로 섬길 만큼 다음세대 사역에 사명감을 품고 있었다.

해리슨 대통령 재직 당시 워너메이커에게 등용 제의를 했을 때, 아무리 바쁜 상황이 와도 주일성수와 주일학교를 섬기는 일만큼은 반드시 보장한다는 조건으로 장관직을 수락했다고 한다. 그의 중심이 어디에 있었는지를 명확히 보여주는 일화이다.

특히 워너메이커는 자신이 21살에 설립한 '베다니주일학교'에 많은 애정을 쏟았다. 어린 시절 가난한 집안 형편 탓에 아버지를 도와 돈을 벌어야했고, 이런 사정들 때문에 학업을 제대로 마칠 수 없었던 워너메이커에게 주일학교는 신앙과 인생의 길을 열어준 요람이었다. 그래서 과거의 자신처럼 어린이들이 말씀을 배우고, 성숙한 하나님의 자녀로 자랄 수 있도록 베다니주일학교 사역을 시작한 것이다.

출발은 순탄치 않았다. 불량배들에게 밀려 처음 입주했던 건물에서 쫓겨나는가 하면, 몰려드는 아이들을 감당할 수 없을 만큼 비좁은 장소 문제로 난관에 봉착했다. 아이들에게 복음성가를 부르게 한다고 항의하는 부모들을 설득하느라 진땀을 뺀 적도 있었다.

하지만 워너메이커는 성실과 인내로 난관을 극복하며 아이들을 잘 키워냈다. 시간과 재물 등의 모든 우선순위가 주일학교에 있었다. 좁은 공간을 효과적으로 활용하며 주일학교를 운영하기 위해 직접 고안했다는 말발굽의자 이야기도 유명하다. 사업을 통해 축적된 경험과 수완들까지 모두 베다니주일학교에 투입했다. 그에게는 주일학교가 주업이었고, 백화점 사업은 부업이었던 셈이다.

그 결과 1858년에 27명의 학생으로 시작한 주일학교가 1년 만에 275명으로, 10년 후에는 1,000명으로 급증했다. 1898년에 이르면 베다니주일학교에 몸담은 학생 수가 6,027명으로 집계된다. 워너메이커는 그 많은 수의 아이들 이름을 일일이 기억했다고 한다. 그리고 그것은 자신의 뛰어난 암기력 때문이 아니라, 아이들을 향한 관심과 애정의 결과라고 고백했다.

이처럼 워너메이커에게 주일학교는 스스로의 인생을 바꾸어주고, 다른 수많은 사람들에게 새로운 기회를 열어준 킹핀이었음이 분명하다. 하나님의 뜻 안에서 자신의 킹핀을 성공적으로 잡아냈기에, 인생의 다른 분야에서도 엄청난 성공을 거둘 수 있었던 것이다.

킹핀 전략의 세 단계

워너메이커의 생애는 우리 성도들에게 많은 영감을 주었다. 베다니주일학교와 같은 부흥의 꿈을 우리 거창중앙교회도 꾸게 됐다. 지난 10여 년 동안 그 소망을 향해 달려왔고, 앞으로도 계속 그렇게 할 것이다. 킹핀 전략은 여전히 유효하다. 이쯤해서 참고로 그 전략이 발전되어온 시간들을 세 단계로 요약해 보겠다.

첫 번째 단계는 다음세대 사역으로 중심을 전환하는 과정이었다. 하나님 앞에 처절하게 기도하면서 응답을 구하고, 거창이라는 독특한 환경 속에서 벽에 부딪친 목회의 길을 타개하기 위해 고심했던 기간을 말한다. 그 결과 유년주일학교 천 명을 이루라는 응답을 받고, 목회 방식을 대대적으로 전환하게 됐다.

두 번째 단계는 성도들과 다음세대의 비전을 공유하는 과정이었다. 이 기간에는 모든 성도들의 마음 밭에 주일학교 사역에 대한 꿈의 씨앗을 뿌리는 데 집중했다. "또 누구든지 내 이름으로 이런 어린아이 하나를 영접하면 곧 나를 영접함이요"(막 9:37)라는 말씀을 붙잡고, 매일 같이 강단에 올라 두려움과 의심으로 굳어진 마음들을 깨뜨렸다.

단단한 껍질들에서 벗어나자 우리는 같은 소망을 품고 기도하게 됐다. 새벽기도 시간에는 매일 3시간, 저녁에 다시 모여 또 2시간, 이렇게 하루 다섯 시간을 힘든 줄도 모른 채 다음세대 사역에 대한 도전의 말씀을 듣고, 거창의 모든 어린이들을 위해 기도하는 일에 바쳤다.

마지막 단계로 다음세대 비전을 현실화시키는 과정이었다. 아무것도 없던 백지상태였지만, 비전에 맞춰 모든 힘과 지혜를 집중했더니 온갖 전략들이 백출했다. 무학년 제도처럼 다른 교회들에서 보기 드문 방식들도 도입했다. 어렵게만 보였던 문제들이 하나둘씩 해결됐고, 결국 그렇게 모두의 힘으로 쌓인 하루하루가 기적의 날로 이어졌다.

재적 천 명보다 더 값진 소득

재적 천 명의 성과보다 더 값진 소득은 아이들 마음이 하나님께로 확정되어가는 모습이다. 불교 신도를 부모로 둔 아이들, 교회에 대해 대놓고 적개심을 품는 문화 속에 살아가던 아이들이 점점 하나님께 자기 삶을 드리고, 친구들의 영혼을 불쌍히 여기는 마음을 갖게 됐다.

킹핀 전략은 교회와 주일학교를 바꾸어놓고, 어른들을 변화시켰을 뿐 아니라 아이들까지도 주님의 통치 아래 순종하도록 만들었다. 그리고 이제 다시 이 아이들을 통해 가정과 지역 사회와 민족 그리고 세계 열방이 새로워지게 될 것이다. 과연 오늘날 우리들 사역의 킹핀 전략은 무엇이 되어야 하는가?

5

다음세대 사역을 넘어선 은혜의 보너스

하나님의 심정을 가지고 다음세대 사역에 전념하면서 경험하는 또 하나의 은혜는 하나님께서 우리의 필요와 간구에 넘치도록 채우시고 응답하신다는 것이다. 이 또한 우리 사역을 위로하며 격려하시는 하나님의 긍휼하심에서 비롯된 반갑고도 고마운 보너스이다.

재정의 필요도 반드시 채워주신다

구체적인 예를 들자면, 거창중앙교회 부임 초기, 아직 교회가 부흥의 궤도에 진입하기 전, 다음세대 사역의 응답을 받아 이를 실현할 방도에 몰두할 때의 일이다. 여러 가지 많은 어려움이 있었지만, 재정 문제는 특히 해결하기 힘든 현안이었다. 사례비조차 받을 수 없는 상황이 된 것이다.

바로 그 시기였다. 어느 날 낯선 여성 한 분이 새벽기도회에 나오기 시작했다. 그분이 처음 찾아온 날 새벽 강단에는 묵직한 봉투 하나가 놓여 있었다. 10만 원쯤 되어 보였다. 열어보지도 않고 헌금함에 넣었다. 그런데 다음 날도, 그 다음 날도 강단에는 계속 같은 크기의 봉투가 놓여있었다.

'대체 뭐지?'라는 생각에 슬슬 불안한 마음이 들기 시작했다. 이대로 계속 받아두어도 될까 싶었다. 어느 날 느닷없이 어떤 남자가 나타나 그동안 자기 부인이 헌금한 봉투들 다 내놓으라고 소동을 일으키는 불길한 장면이 떠오르기도 했다. 그래서 주일이 되었는데도 이 봉투들을 재정부에 바로 입금하지 못하고, 먼저 그분의 정체를 알아보도록 아내에게 일렀다.

알아본 결과, 그분은 작은 장애를 가진 초등학생 어린 자녀의 교육을 위해서 멀리 인천에서부터 거창까지 이사를 온 분이었다. 그 돈은 하나님께 간절한 마음을 담아 서원예물로 매일 바친 헌금이었다. 그 사실을 알고 나서야 비로소 안심할 수 있었다. 헌금은 이후로도 한 달 동안 매일 이어졌다. 그 덕택에 재정 위기도 한고비를 넘기게 됐다.

이때, 다음세대를 향한 하나님의 심정을 알아 드리는 교회와 주의 백성들의 삶은 하나님께서 책임져 주신다는 원리를 깊이 깨닫게 되었다. 이런 경험들은 하나님께서는 누군가 마음이 통하는 이를 쓰시고자 한다면 그에게는 그 어떤 필요라도 반드시 채워주신다는 사실을 확신하게 해 주셨다.

거창을 물들인 크리스마스 불빛

한걸음 더 나아가, 거창에 내려와 사역하면서 참으로 감격스런 사건이 있었다. 처음 거창중앙교회에 부임할 때는 그렇게 엄청난 변화가 이 땅에서 이루어질지 그 누구도 짐작하지 못했다. 여러 차례 이야기했다시피 거창은 오랫동안 불교의 강력한 영향권 아래 있었던 지역이다. 사월 초파일이 다가오면 화려한 연등이 읍내 전체를 뒤덮다시피 했다. 꽤 심각한 문화적 충격을 받았다. 전에 살던 동네에서는 한 번도 보지 못한 풍경이었다.

반대로 성탄절이 다가올 때면 읍내가 그렇게 한산할 수가 없었다. 그 흔한 성탄 장식 하나도 보이지 않고, 성탄송 하나 들리지 않는 채 오히려 평상시보다 더 캄캄하고 조용하기만 했다. 하나님의 독생자, 온 인류의 구세주께서 이 땅에 강림하신 날인데 잔치 분위기는 고사하고 이렇게 적막한 풍경이라니 마음속에 의분이 일어났다. 그래서 2000년도 성탄절 예배시간에 성도들과 함께 거창 땅의 문화가 완전히 역전되게 해 달라고 통성으로 기도했고 그 이후에도 이것을 제목 삼아 계속 기도했다.

과연 어떻게 되었을까? 정말 놀라운 일이 일어났다. 2013년 성탄절을 앞두고 군청으로부터 거창군 기독교 연합회에 뜻밖의 제의가 왔다. 상당액의 재정을 책정해 놓았으니 크리스마스트리 축제를 개최하지 않겠느냐는 것이었다. 예전에는 가히 상상도 못할 일, 바로 기적이 일어 난 것이다.

이 무렵은 지역교회들과 지방자치단체들이 힘을 합쳐 성탄 축제를 개최하는 사업이 부산을 시작으로 전국 여러 곳에서 한창 번져가던 중이었다. 거창군에서도 그런 정보를 듣고, 거창군 연합회에 제의해 온 것이다.

그해 12월, 거창군에서 지원한 예산에 갑절을 더하여 읍내를 예쁜 성탄장식으로 물들였다. 영롱한 불빛이 온 동네 구석구석을 비추는 가운데, 아기 예수 나심을 기뻐하는 아름다운 찬양이 무려 한 달 동안 매일 밤 울려 퍼졌다. 드디어 거창 땅에도 성탄절 문화가 살아나게 된 것이다. 또 하나의 기적이었다. 〈거창 크리스마스트리 문화 축제〉에 우리 교회도 최선을 다해 참여해 오고 있다.

이제는 믿지 않는 가정에서까지도 성탄절이 다가오면 아이들이 "아빠 엄마, 반짝반짝 보러 가요!"라고 조르기 때문에 온 가족이 함께 성탄트리가 우뚝 서 있는 군청 앞 로타리로 나선다. 성탄 축제는 많은 사람들의 호응 속에 해마다 규모도 커지고 있다. 이제는 군 차원을 넘어 도에서 지원하는 행사로 확대되고 있다.

한편에서는 성탄 축제를 굳이 그렇게 화려하게 할 필요가 있느냐, 차라리 가난한 이웃들을 돕는 일에 쓰는 게 낫지 않느냐고 말하기도 한다. 일리 있는 말이다. 하지만 오랜 세월 침체되어있던 기독교 문화를 회복하는 일도 그에 못지않게 중요하다. 특히 전 인류의 구세주 예수님의 탄생을 축하하는 일이니 더욱 그렇다. 그리고 교회의 사회적, 문화적 영향력을 확대하는 일은 교회의 영적 영향력과 결코 무관하지 않다고 생각한다.

거창군 연합회가 중심이 되어서 크리스마스트리 축제를 성대하게 개최하는 사이에 거창에서는 가히 불가사의한 일이 벌어졌다. 오랜 세월 동안 그 성성하던 문화의 조류가 바뀐 것이다. 이 무슨 천지개벽할 사건이란 말인가! 아마도 예수 믿는 어린이들로 물결치는 이 거창 땅에 하나님 은총의 손길이 역 사하신 것은 아닐까?

귀한 동역자를 만나는 은혜

하나님이 보너스로 부어주신 은혜를 생각해 볼 때, 우리 교회에 많은 사람들이 찾아온다는 것도 빼놓을 수 없는 은혜이다.

사람들이 많이 모이는 교회들을 들여다보면 대개 유력한 사람 몇 명쯤은 섞여있다. 수도권 대형교회 같으면 뉴스에 자주 이름이 오르내리는 명사들이나 연예인들도 발견할 수 있고, 지방에는 주로 정치인이나 그에 버금가는 영향력을 가진 인물들이 큰 교회에 몸담고 있는 경우가 많다. 그런데 우리 교회에는 당초 그런 인물들이 없었다.

결국 우리 교회의 열매들은 오직 성령님이 이끄시고, 이루어 놓으신 결과들이라는 사실이다. 우리는 단순히 순종만 했을 뿐이다. 우리 개개인이 본래 가진 힘이나 지혜로는 도무지 이룰 수 없는 결과들이었기에 이런 고백을 자신 있게 할 수 있다. 어찌 보면 고린도교회의 상황 중에서 우리 교회의 경우와 딱 맞아 떨어지는 부분이 있다.

"형제들아 너희를 부르심을 보라. 육체를 따라 지혜로운 자가 많지 아니하며, 능한 자가 많지 아니하며, 문벌 좋은 자가 많지 아니하도다. 그러나 하나님께서 세상의 미련한 것들을 택하사 지혜 있는 자들을 부끄럽게 하려 하시고, 세상의 약한 것들을 택하사 강한 것들을 부끄럽게 하려 하시며, 하나님께서 세상의 천한 것들과 멸시 받는 것들과 없는 것들을 택하사 있는 것들을 폐하려 하시나니"(고전 1:26-28).

과연 그러하다. 우리에게는 하나님 이외의 대책이라곤 존재하지 않았다. 만약 어떤 사람이 우리 교우들 중 누구에게라도 "거창중앙교회에 누가 있기에 그렇게 대단한 일이 일어났대요?"라고 물었다면 대답은 한결 같았을 것이다. "아무도 없어요. 유명한 사람은 정말 아무도 없습니다. 그냥 다들 저처럼 생겼습니다."

그럼에도 하나님은 우리처럼 이름 없고, 힘도 없는 사람들을 사용하셔서 이미 많은 복을 경험하게 하셨고, 게다가 보너스로 다른 은총까지 주고 계신다. 그 은총들 중 하나가 귀한 다음 세대사역의 동역자들을 만나게 하신 것이다.

지역 사람들도 잘 찾아오지 않는데, 타 지역 사람들이 우리 교회를 찾아올 일이 과연 얼마나 있었겠는가. 하지만 언젠가부터 우리 교회에는 외부 방문객들이 찾아오는 일이 아주 일상이 됐다. 일 년에 적어도 30주 이상은 매 주일 두세 교회에서 탐방팀을 보내온다. 며칠씩 거창에 내려와 머물며 어린이 사역이 진행되는 일거수일투족을 죄다 관찰하고 돌아가는 분들도 있다.

언젠가는 워싱턴의 한인교회에서 수석 장로님 내외분이 우리 교회 탐방 차 방문하신 일이 있다. 그 자체가 교회 사상 유례가 없던 일인데, 마침 그날 또 한 명의 탐방객이 찾아와 맞이하고 보니 그분도 미국 LA에서 사역하시는 목사님이셨다. 바다 건너 오신 손님을 세 분씩이나 맞게 되다니, 이것은 어린이 주일학교의 부흥이 없었다면 보기 힘든 광경이었을 것이다.

비교적 가까운 대구나 대전에서는 물론이고 거리가 꽤 되는 수도권이나 호남지역에서부터 찾아오는 탐방객들도 많다. 보통은 주일학교 담당 교역자와 교사들 몇 명이 팀을 이루어 탐방하지만, 노회 단위나 목회연구원 소속 목사님들이 단체로 30여 명씩 찾아와 견학하는 경우 또한 종종 있다. 호남에서 가장 규모가 크다는 한 교회는 대형버스를 끌고 우리 교회를 방문했는데, 이들 일행이 아예 본당 예배석 한 줄을 다 차지할 정도가 됐다.

이런 상황이 생기면 우리 교우들은 두말없이 1층 교육관으로 내려가 TV로 예배 상황을 시청하며 예배드리곤 한다. 당연히 불편하기 짝이 없는 일이지만 으레 그러려니 하며 흔쾌히 감수한다. 우리처럼 다음세대 사역에 큰 열망을 품고, 거창까지 찾아오신 분들인데 어떻게 해서든 편안하게, 친절하게 모시려고 애쓰는 모습들이다.

다음세대 사역에 꿈을 가진 동역자들을 만나는 것은 정말 흥분되는 일이다. 여러 해 동안 수많은 사람들을 만나면서 우리 교회도 새로운 도전을 받게 됐고, '4/14 윈도우 운동'처럼 의미 있는 다음세대 사역들에 동참할 기회까지 생겼다. 2014년 10월, 미국 뉴욕 프라미스교회(김남수 목사 시무)에서 '4/14 세계 컨퍼런스'가 있었다. 전세계 91개국 1,200명의 다음세대 지도자들 앞에서 부흥 사례를 발표할 수 있었고 이것은 전적인 하나님의 은혜였다.

거창을 넘어 온 세계로!

이런저런 대역전의 일들이 단번에 이루어진 것은 물론 아니다. 장기간에 걸쳐 주의 백성들의 애끓는 기도와 사심 없는 참여 속에 이루어진 일이다.

우리 교회 현장으로만 볼 때는 하나님께서 그토록 기뻐하시는 어린이사역에 대해서 꾸준하고 집중적인 투자가 이루어졌고, 그 결과 주일학교에 큰 부흥을 이루게 된 것이 큰 요인이 되지 않았을까 생각한다.

현재 우리 교회 장년 성도들의 평균 연령은 40세가량이다. 이유는 조금만 생각해도 금방 짐작할 수 있을 것이다. 성도 대부분이 주일학교 아이들의 부모이거나, 주일학교를 통해서 성장한 젊은이들이기 때문이다. 농촌 지역 교회들은 물론 도시교회들 상당수에 고령화 현상이 나타나는 것과는 전혀 다른 세대 구성이 이 현장에서 이루어졌다.

나이만 젊어진 게 아니다. 예배 분위기의 생기로움과, 교우들의 사기 또한 예배당 천장을 뚫을 기세이다. 이대로라면 앞서 말한 성탄 축제보다 훨씬 더한 역사들도 일으킬 수 있으리라는 자신감이 생긴다. 실제로 우리 교우들의 시야는 거창을 넘어 민족 전체, 더 나아가 온 세계로 점점 확장되고 있다.

  거창의 이름 없는 교회에서 일어난 기적이 도시교회와 시골교회, 큰 교회와 작은 교회 가릴 것 없이 곳곳에서 재현되기를 소망한다. 하나님이 부어주시는 꿈이 있다면, 그리고 순종하는 공동체의 모습이 있다면 언제 어디서라도 기적의 날은 반드시 찾아올 것이다.

  하나님께서 기뻐하시는 일에 집중하고 몰두하는 교회는, 성도들의 삶뿐만 아니라 지역 사회의 영적 분위기까지 역전케 하신다. 나아가 하나님께서 모든 뒷일을 책임져주신다. 그러니 망설이지 말라. 다음세대 사역에 과감히 도전하라!

> 교사가 들려주는

왁자지껄 거창중앙교회의 생생한 이야기

● 선생님, 혹시 교회에서 돈 받으세요? ●

 3년간의 부르짖는 기도로 목사님께서 답을 얻은 2003년! '유년주일학교 일천 영혼을 향하여!'라는 선포와 함께 저는 주교사로 임명을 받고 4부 1반 교사가 되었습니다.
 저는 4부가 담당하는 창동초등학교로 전도를 나갔습니다. 떡볶이를 찜통 하나 가득히 만들거나, 여러 종류의 사탕과 음료수를 들고 토요일마다 빠짐없이 4부 선생님들과 함께 학교 앞으로 전도하러 갔습니다. 정말 신기하게도 예수님을 믿지 않는 아이들에게 복음을 이야기 하고, 교회 나오라고 권하고 연락처를 물으면 모두 자기 집의 위치와 전화번호를 가르쳐 주었습니다. 하나님께서 아이들의 등을 떠밀어 주신 것입니다.

하나님이 보내주신 어린 동역자

 그렇게 전도하던 어느 날, 수민이라는 여자아이를 만났습니다. 수민이가 전화번호와 집주소를 말해 주어서 주일 아침에 데리러 가기로 약속했습니다. 저는 교회로 돌아와 기도로 준비를 하였고, 다음날 주일 아침 약속대로 데리러 갔습니다.

수민이 집 앞에서 "수민아! 교회 가자."라고 말했습니다. 그런데 이게 웬일입니까? 갑자기 수민이 아버님이 문을 열고 나오시더니 욕을 하며 저를 쫓아내는 것이었습니다. 그 집 마당에 있던 강아지도 어찌나 무섭게 짖던지, 저는 순간 가슴이 콩닥콩닥거리며 무서워서 떨기 시작했습니다.

어떻게 해야 할지 속으로 하나님께 여쭙고 있던 순간, 성령님께서 저에게 용기를 주셨습니다. 저는 아버님께 수민이가 오늘 교회에 가기로 저와 약속을 했다고 차근차근 상황을 설명하기 시작했습니다. 그랬더니 놀랍게도 아버지께서 다시 방안에 들어가셔서 "수민아! 너 교회가기로 했니?"라고 수민이에게 물어 보시는 것이었습니다. 그러자 수민이가 "네, 교회 가기로 했어요."라고 말하니까 "그럼 빨리 가!"라고 말씀하셨습니다. 이것은 분명히 하나님께서 하신 일이었습니다.

그렇게 수민이가 교회에 나오고, 구원의 확신도 갖게 되었습니다. 그 후로 저와 같이 전도하기 시작했습니다. 수민이는 아직 어리지만 하나님께서 제게 보내주신 동역자였습니다. 학교를 마치면 날마다 저희 집에 놀러 왔습니다. 저는 수민이가 올 때마다 계속해서 예수님에 대해 가르쳐 주었습니다.

그리고 제가 매주일 수민이를 데리러 집에 찾아가면 "선생님, 저 전도 했어요."라며 옆집 아이를 데리고 오고, 그 다음 주에는 그 옆집에 세 들어 사는 집 아이들을 데려왔습니다. 그 다음 주엔 학교 친구를 데려오고, 이렇게 계속 꼬리에 꼬리를 물고 아이들을 데려왔습니다. 하나님께서 물 붓

듯이 쏟아부어 주신 것이었습니다. 지금 생각해도 정말 놀라운 일이었습니다.

이렇게 수민이는 대략 70명 정도의 아이들을 전도했습니다. 그리고 우리 반의 첫 전도왕이 탄생했습니다.

먼저 그의 나라와 그의 의를 구하라

교사를 하면서 하나님께서는 하나님의 일을 계획하시고, 하나님의 때에, 하나님의 방법으로 이루시는 것을 깨달았습니다. 저는 지식도 부족하고 돈도 없지만 하나님께서 써 주실 때 놀라운 일들이 일어난다는 사실을 많이 체험했습니다.

어느 날은 아이들을 만나러 가는데 돈이 없어서 간식을 살 수가 없었습니다. 저는 기도했습니다. "하나님, 도와주세요. 아이들에게 줄 간식이 없어요."라고 기도하고 있는데 우리 반 아이 부모님이 선생님 수고하신다고 포도 한 박스를 건네주셨습니다. 그래서 그 포도를 가지고 심방을 할 수 있었습니다. 다른 부모님은 사과를, 또 단감을 주셔서 그것으로 아이들에게 집집이 나누어 주며 전도할 수 있었습니다.

어떤 부모님은 "선생님, 이렇게 수고 하시는데 혹시 교회에서 돈 받으세요?"라고 물어 보십니다. "아뇨, 저는 아이들이 참 좋아요. 하나님께서 다 주셔서, 그 주신 것으로 간식을 사 줄수 있는 거예요." 그랬더니 정말 수고 하신다면서 자기 돈 5만 원을 제 손에 기어코 쥐어주기도 했습니다.

그 돈으로 또 간식을 사서 아이들을 심방할 수 있었습니다.

주님께서 이 모든 일을 하셨습니다. 저는 주님의 도구일 뿐입니다. 저를 사용해 주셔서 감사, 또 감사드립니다. 저는 아이들이 예수님을 믿고, 예수님의 성품을 닮아 변화되는 모습을 봅니다. 그 아이들을 통하여 부모님이 전도되어 한 가정이 예수님 앞으로 돌아올 때 정말 기쁩니다. 이 세상에 살고 있는 18억 5천만 명의 다음세대들이 모두 주님 앞으로 돌아오는 그날까지 저는 평생 교사로 섬길 것을 소망합니다.

공주선 / 거창중앙교회 교사

3 PART

다음세대를 세우는 부흥의 원리

"기적의 주일학교를 만드는 일곱 개의 기둥"

튼튼한 건물을 완성하기 위해서는
가장 먼저 기초적인 토양화 작업들이 필요한 것처럼,
사역에 있어서도 든든한 터 닦기와 그 위에 지붕 전체를
떠받칠 기둥들을 세우는 일이 단계별로 탄탄하게 이뤄져야 한다.
거창중앙교회의 경우는 하나님께서 그때그때 우리를 인도하셨던
사역의 비전과 지혜들이 있었다.
이것들이 하나씩 자리를 잡으면서 일곱 개의 기둥을 이루었고,
그 기둥들이 서로 연결되고 조화를 이루면서
자연스럽게 시스템화가 이루어진 셈이다.

children
교회의 미래,
어린이 안에 다 있다

children
교회의 미래,
어린이 안에 다 있다

일곱 개의 기둥이란?

　나는 본디 방앗간 집 아들이었다. 경기도 안산에서 방앗간을 운영하시던 아버지는 늘 기계를 만지고, 먼지를 털어내며 열심히 일하시던 모습으로 내 기억에 또렷이 남아계신다. 전기설비가 제대로 갖춰지지 않았던 시절이었지만 우리 집만큼은 전기가 들어왔다. 전구가 번쩍이며 우리 식구들은 대낮처럼 환하게 밝은 저녁을 맞이하곤 했다. 방앗간 덕분이었다.

　어릴 적, 위험하니 근처에 얼씬도 하지 말라는 어르신들 말씀에도 불구하고 툭하면 방앗간을 찾아갔다. 원동기가 돌아가면 굉음과 함께 여러 기계가 돌아가며 쌀을 비롯한 온갖 곡식들을 찧어내는 모습은 아무리 여러 번 지켜보아도 늘 신기하기만 했다. 우리 집 방앗간은 어린 시절의 엄청난 자부심이었다.

　세월이 흘러 훨씬 신기하고 놀라운 경험들을 하면서 이제 더 이상 방앗간은 대단한 장소가 되지는 못했다. 하지만 인생을 살아가면서, 특히 목회를 하는 가운데 방앗간이 나의 뇌리에 뚜렷이 남긴 한 가지 교훈이 있다. 그것은 바로 원동력의 중요성이다.

아무리 힘차게 돌아가던 방앗간 설비들이라도 원동기가 멈춰 서면 그야말로 무용지물이었다. 아무리 튼튼하고 성능 좋은 최신형의 기계라 해도 쓸모가 없었다. 원동기가 멈춰서는 순간 모든 것이 중단돼 버렸다. 당연히 집안의 불도 켤 수 없었다. "아, 원동기가 멈추면 모든 것이 멈춰 서는구나!"

진행하는 프로그램이 아무리 잘 준비되어 있고, 교회의 시스템이 보기에 완벽히 잘 갖춰졌다 하더라도 결국 그것을 움직이게 하는 원동력이 없다면 그 모든 것은 아무 쓸모가 없다.

우리 사역의 현장이 횃불처럼 타오르게 된 것은 바로 하나님께서 부어주신 은혜의 결과라고 감히 말씀드릴 수 있다. 깨닫게 해 주신 불같은 말씀이 원동력이 되었다. 이것이 우리 교회 다음세대 사역의 근본 동력이자 원천적인 터전이 되었다.

왜 '시스템'이 아닌, '기둥'인가?

우리 교회 유년주일학교의 성장 비결을 궁금해하는 사람들 중 꽤 여러 사람이 묻는 질문이 있다. 거창중앙교회에는 어떤 시스템이 있느냐, 어떤 프로그램을 운영하느냐는 것이다. 우리만 이런 질문을 받는 게 아니다. 내로라하는 국내외의 여러 교회들이 종종 우리와 동일한 물음 앞에 놓이곤 한다.

시스템은 일단 한 번 만들어 놓으면 마치 자동 기계처럼 저절로 돌아가며 목표한 결과물을 효과적으로 산출하는 운영체제를 말한다. 언뜻 보기에는 잘 되는 교회의 시스템을 자신의 교회에 그대로 옮겨가기만 하면 곧바로 부흥의 궤도에 진입할 것처럼 느껴지기도 한다.

그래서 우리 교회에도 만병통치약이나 만능열쇠처럼 언제 어디서나 괴력을 발휘하는 시스템이 있는 게 아닐까 궁금해하며, 마치 보물찾기라도 하듯 이를 찾아내려고 애쓰는 분들을 간혹 만난다. 하지만 안타깝게도 이 질문에 대해서는 명쾌하게 대답해 드릴 말이 없다. 처음부터 어떤 시스템을 구상하고 적용하며 시작한 사역이 아니기 때문이다.

하지만 그것을 대신해서 드릴 수 있는 이야기가 있다. 그 어떤 것보다도 하나님의 뜻을 따라 우선적으로 기둥을 세우라는 것이다. 튼튼한 건물을 완성하기 위해서는 가장 먼저 기초적인 토양화 작업들이 필요한 것처럼, 사역에 있어서도 든든한 터 닦기와 그 위에 지붕 전체를 떠받칠 기둥들을 세우는 일이 단계별로 탄탄하게 이뤄져야 한다.

거창중앙교회의 경우는 하나님께서 그때그때 우리를 인도하셨던 사역의 비전과 지혜들이 있었다. 이것들이 하나씩 자리를 잡으면서 일곱 개의 기둥을 이루었고, 그 기둥들이 서로 연결되고 조화를 이루면서 자연스럽게 시스템화가 이루어진 셈이다.

따라서 우리 교회 사역에 관해서 말할 때 시스템에 대한 이야기보다, 일곱 기둥에 대한 이야기가 훨씬 더 도움이 될 것이다. 기둥들이 잘 세워지면 자연스럽게 시스템이 돌아 갈 것이기 때문이다. 서로 유기체인 일곱 기둥의 다이어그램은 다음과 같고, 각 기둥에 대한 자세한 설명은 2장에서 8장에 걸쳐 다루게 될 것이다.

- '예수생명' 기둥
- '무학년제' 기둥
- '전성도의 교사화' 기둥
- '전자원의 집중화' 기둥
- '불꽃목자' 기둥
- '예다미 훈련' 기둥
- '참된 예배자' 기둥

각자 몸에 맞는 기둥을 세우라

중요한 것은 각자의 기둥은 홀로 존재하는 것이 아니라 하나하나의 톱니바퀴 이루어 유기적으로 움직인다는 것이다. 여기서 만들어진 에너지가 주일학교를 움직이고, 목회를 펼쳐나가는 추진력이 된다. 만약 추진력이 제대로 공급되지 못한다면 우리 교회의 모든 사역들은 원활하게 진행되기는커녕 꼼짝 못한 채 그대로 멈춰 서 버리게 될 것이다. 이상을 종합해 보면 이것 이 우리교회의 시스템인 것이다.

하지만 앞서 이야기했듯이 행여 우리에게 어떤 시스템이 완성되어있다고 해도 섣불리 그것을 최고의 정답 또는 유일한 정답이라고 단언할 수는 없다. 특정 교회에서 아무리 커다란 성공을 거둔 시스템이라도, 다른 교회에서도 똑같은 결과를 내리라는 보장이 없다. 담임목사의 목회 철학이 다르고, 교회가 처한 환경이 다르기 때문이다.

지금까지 관찰한 결과로 보면, 교회는 시스템이 좋아서 부흥하는 게 아니라, 교회가 부흥하다 보니 시스템도 좋아지는 경우가 대부분이다. 아무리 성능 좋은 시스템이라 해도 남의 것을 베껴 쓰는 효과는 길어봤자 5년을 넘지 못한다. 오히려 실패할 확률이 더 높다. 그 후에는 또 다른 시스템을 찾아 헤매고, 시행착오를 겪는 악순환이 반복될 것이다. 결론은 하나의 시스템이 모든 교회에 공통적으로 적용할 수 있는 왕도는 아니라는 것이다. 주님 뜻에 귀를 기울이며 자신들만의 기둥과 집을 세우는 일이 우선이다. 시스템은 그다음에 생각할 문제이다.

여러분도 각자의 교회에 기둥을 세우는 일에 집중하기를 바란다. 하나님께서 인도하시는 비전과 푯대를 따라 먼저 예수생명의 중심 기둥을 세우고, 그 주변에 지혜를 주시는 대로 또 다른 기둥들을 세워보라. 이 기둥들이 어떻게 세워지느냐에 따라 교회 다음세대 사역의 성패가 좌우될 것이다. 이때 우리 교회의 일곱 기둥 세우기는 좋은 본보기가 되리라 믿는다.

> "그러므로 누구든지 나의 이 말을 듣고 행하는 자는 그 집을 반석 위에 지은 지혜로운 사람 같으리니, 비가 내리고 창수가 나고 바람이 불어 그 집에 부딪치되 무너지지 아니하나니 이는 주추를 반석 위에 놓은 까닭이요"(마 7:24-25).

1

'예수생명' 기둥
– 모든 사역의 시작과 목표, 복음의 핵심!

목회의 성공, 사역의 성공이란 과연 무엇일까? 많은 사람들을 모으면, 그래서 교세가 커지고 건물이 확장되면 성공하는 것인가? 목회자가 유명세를 타고, 그럴듯한 성장 이론을 제시할 수 있으면 그것을 성공이라고 부를 것인가? 물론 이런 부분도 대단한 성공이라고 할 수 있을 것이다. 그러나 이는 어디까지나 세속적인 관점에서일 뿐이다. 목회와 사역의 성공은 얼마나 교회가 추구해야 할 본질에 충실했느냐, 얼마나 하나님께 가까이 나아가고 있느냐가 분별의 기준이 될 것이다. 주님이 원하시는 교회의 모습, 주님이 부여해 주신 공동체의 사명에 부합할 때만이 건강한 교회라고 할 수 있다. 그러므로 교회의 모든 사역은 '예수생명'이라는 복음의 핵심을 결코 놓쳐서는 안 되며, 언제 어디서나 여기에 집중해야만 한다.

거창중앙교회에서 '예수생명'은 바로 어린이 사역의 첫 번째 기둥이자, 아이들의 가슴에 새겨주는 신앙의 근본 주제이다. 만약 교회가 이 목표를 상실하거나, 달성하지 못한다면 다음세대 사역은 아무리 화려한 열매를 거둔다 해도 그것을 결코 성공이라고 부를 수 없다.

'예수생명' 기둥이란?

'예수생명'이라는 기둥은 거창중앙교회 다음세대 사역의 근본이고, 중심축이라고 말할 수 있다. 그리스도의 십자가 보혈, 부활의 권능, 우리에게 주신 구원의 은총을 성도들 가슴에 '예수 생명'이라는 확신으로 새기고, 나아가 다른 사람들 그중에서도 어린이들의 가슴속에 이 '예수생명'을 심어주는 일에 성도들이 헌신하도록 하는 것을 말한다.

이 기둥은 가장 중심부로 다른 모든 기둥을 지탱해 주는 역할을 한다. '예수생명'이라는 그 생기의 힘이 나머지 여섯 개의 기둥들의 원동력이 되도록 하는 것이다. 일찍이 하나님께서는 바울 사도를 통하여 다음과 같이 고린도교회 성도들을 일깨워 주시지 않았던가.

"우리가 이 보배(예수 그리스도)를 질그릇에 가졌으니 이는 심히 큰 능력은 하나님께 있고, 우리에게 있지 아니함을 알게 하려 함이라. 우리가 사방으로 욱여쌈을 당하여도 싸이지 아니하며, 답답한 일을 당하여도 낙심하지 아니하며, 박해를 받아도 버린바 되지 아니하며, 거꾸러뜨림을 당하여도 망하지 아니하고, 우리가 항상 예수의 죽음을 몸에 짊어짐은 예수의 생명이 또한 우리 몸에 나타나게 하려 함이라"(고후 4:7~10).

이 말씀대로 연약한 질그릇 같은 모든 성도의 가슴에 예수 그리스도의 보배를 품고 사는 사역자가 되게 하는 것이다. 이로써 하나님의 큰 능력이 각 사역 현장에서 예수생명의 능력으로 나타나게 하는 것이다.

예수생명이 가진 능력

그렇다면 이 '예수생명'에는 어떤 능력이 있는 것일까? 요한복음 11장 25절에서 예수님은 자신에 대해 이렇게 말씀하신다.

"예수께서 이르시되 나는 부활이요 생명이니 나를 믿는 자는 죽어도 살겠고 무릇 살아서 나를 믿는 자는 영원히 죽지 아니하리니"(요 11:25-26).

역사상 그 누구도 갖지 못한 힘이 바로 이 부활의 능력이요, 생명의 능력이다. 이 권능을 가지신 주님께서는 그분을 믿는 우리에게도 부활과 생명의 은총을 부여해 주시겠다고 약속하시는 것이다. 그러하기에 골로새서 3장 4절에서는 "우리 생명이신 그리스도께서 나타나실 그 때에 너희도 그와 함께 영광 중에 나타나리라"고 확증하는 것이다.

우리는 이미 '예수생명'의 소유자다. 이 세상 무엇보다 위대한 그 능력, 부활의 새 생명이 우리의 것이다. 그러므로 우리는 이 사실을 잊지 말고 담대히 사역에 임해야 한다. 예수생명이 세상 수많은 영혼들에게 전파될 수 있도록, 특히 하나님이 아끼시는 어린아이들의 소유가 될 수 있도록 우리는 열심을 다해야 한다.

예수생명은 또한 섬김으로 나타나야 한다. 예수 그리스도께서는 친히 섬김으로 일하시며 우리들의 본보기가 되셨다.

"인자가 온 것은 섬김을 받으려 함이 아니라 도리어 섬기려 하고 자기 목숨을 많은 사람의 대속물로 주려 함이니라"(마 20:28).

그러므로 예수생명을 전파하는 모든 사역자들은 가장 먼저 섬기는 자가 되어야 한다. 교회의 모든 리더십은 다름 아닌 섬기는 데서 나온다. 교사들이 학생들을 섬기고, 어른들이 아이들을 섬길 때 다음세대들은 기성세대들에게서 제자들의 발을 씻겨주신 주님의 모습을 발견하게 될 것이다. 그리고 그들 또한 세상과 이웃을 섬기며, 예수생명의 능력을 세상에 밝히 드러내는 영적 리더들로 자라게 될 것이다.

"이 같이 너희 빛이 사람 앞에 비치게 하여 그들로 너희 착한 행실을 보고 하늘에 계신 너희 아버지께 영광을 돌리게 하라"(마 5:16)고 하신 주님의 명령을 기억하자. 주님은 "나는 세상의 빛이니 나를 따르는 자는 어둠에 다니지 아니하고 생명의 빛을 얻으리라"(요 8:12)고 말씀하셨다.

승리를 완성하시는 분

예수생명을 얻지 못하게 하고, 도리어 죄를 지어 그 생명을 잃게 만드는 것은 마귀의 일이다. 예수께서는 이 마귀의 일을 멸하시러 세상에 오셨다. 요한일서 3장 8절에서는 "죄를 짓는 자는 마귀에게 속하나니 마귀는 처음부터 범죄함이라. 하나님의 아들이 나타나신 것은 마귀의 일을 멸하려 하심이라"라고 가르친다. 예수생명을 전파하고 가르치는 사역에는 마귀들의 방해가 뒤따를 것이다. 우리는 마귀의 일을 멸하시는 예수님을 의지하고 사역해야만 한다.

예수님은 마귀와의 전쟁에서 이미 승리하셨고, 곧 그 승리를 완성하실 것이다. 영광의 왕이신 예수님을 노래하는 찬양을 들어보자.

"문들아 너희 머리를 들지어다. 영원한 문들아 들릴지어다. 영광의 왕이 들어가시리로다. 영광의 왕이 누구시냐 강하고 능한 여호와시요 전쟁에 능한 여호와시로다. 문들아 너희 머리를 들지어다. 영원한 문들아 들릴지어다. 영광의 왕이 들어가시리로다. 영광의 왕이 누구시냐. 만군의 여호와께서 곧 영광의 왕이시로다"(시 24:7-10).

'예수생명'에 동참하는 이들은 이 같은 승리와 영광을 함께 누리게 된다. 우리가 할 일은 모든 사역의 현장에서 예수생명의 능력이 약동하도록 섬기는 것이다. 그리고 모든 영광을 우리의 왕이신 예수님께 겸손히 돌려드리는 것이다. '예수생명'을 붙드는 것은, 모든 사역에서 하늘문을 여는 열쇠가 된다!

2

'무학년제' 기둥
– 한번 영적인 자녀로 품었다면, 끝까지!

주일학교 교사들이 초등학교에 찾아가 전도하는 장면을 연상해 보자. 며칠 동안 전도 훈련이며 선물 포장이며 음식 장만까지 아이들을 위해 이것저것 많은 준비를 했다. 드디어 교회에 대해 통 관심이 없던 아이의 호기심을 불러일으키는 데도 성공했다.

그런데 그렇게 어렵사리 접촉한 아이에게 교사가 이렇게 물어본다. "너 몇 학년이니?", "저 4학년인데요.", "나는 3학년 담당인데…. 애들아, 3학년은 누구 없니? 있으면 이쪽으로 와! 그리고 너는 저쪽에 계신 선생님한테 가 봐." 이 얼마나 머쓱한 상황인가? 이런 식으로 하다간 자칫 하나님께서 내려주신 절호의 기회를 허망하게 놓칠 수도 있다.

행여 그 4학년 아이를 잘 전도해서 교회로 데려왔다손 치자. 아이는 생판 처음 보는 환경에서 모든 게 어리둥절하기만 하다. 아는 사람도, 친한 친구도 없고 그저 의지할 데라고는 자신을 전도한 선생님 한 사람뿐이다. 그런데 그 선생님이 이렇게 이야기한다.

"자, 너는 이제부터 저기 4학년 반으로 가서 앉아. 거기서 (처음 보는) 선생님이랑 (잘 알지도 못하는) 친구들하고 사이좋게 예배하고 열심히 성경공부하면 돼." 보통의 아이가 과연 이런 상황에서 마음 놓고 예배에 집중하며, 편안하게 주일학교에 정착할 수 있을까?

만약 당신이 그 4학년 아이를 떠맡은 교사 입장이라고 생각해 보자. 게다가 같은 반에 자신이 직접 전도해 데려온 다른 아이들이 있다고 가정해 보자. 물론 최선을 다해 그 새로 맡은 아이도 잘 챙겨주려고 노력할 것이다. 하지만 엄마가 내 배 아파가며 출산한 자식을 돌보아주는 마음처럼, 그 아이를 대하기는 어려울 것이다.

거창중앙교회에서는 이런 일들이 생길 리가 없다. 주일학교 아이들의 학년이 따로 없기 때문이다. 젖병을 문 갓난아기에서부터 곧 중학교에 올라갈 6학년까지 언니 동생들이 한 학급에서 어울린다. 이른바 무학년제이다.

영적인 부모와 자녀 사이가 되다

무학년제는 자신이 낳은 아이가 충분히 자랄 때까지 양육할 책임이 부모에게 있는 것처럼, 자신이 전도했거나 한번 영적인 자녀로 품은 아이라면 끝까지 돌봐야 할 사명이 교사에게 있다는 것을 전제로 한다. 무학년제 도입으로 교사들은 전도에 대한 더욱 확실한 동기부여가 생겼고, 아이들에게도 동생들을 돌보는 책임자로서 역할이 부여되며 자연스러운 리더십과 섬김 훈련이 이루어질 수 있었다.

이처럼 교사는 자신이 한번 맡은 아이의 일생을 책임질 각오로 임한다. 아이가 결석하면 심방을 가고, 병을 얻으면 문안을 하고, 고민이 생기면 상담도 한다. 함께 하는 시간이 늘어갈수록 아이의 성격이 어떠한지, 신앙 수준이 어느 정도인지 꿰뚫어 볼 수 있기 때문에 문제가 생기면 신속히 대처할 수 있다. 생일을 챙겨주고, 가정 형편을 살피다 보면 부모와도 친숙한 관계가 형성된다.

이런 과정을 통해서 교사는 학생에게 영적인 부모, 학생은 교사에게 영적인 자녀로서 자격을 갖는다. 이는 성경적인 원리이기도 하다. 사도 바울과 제자 디모데의 관계가 이와 같았다. 바울은 디모데에게 보내는 편지에서 그를 '내 사랑하는 아들'(딤후 1:2)이라고 호칭한다.

우리 현장에서는 오히려 제 부모에게 용돈 달라고 하지 못하는 아이들도 교회 선생님에게는 거리낌 없이 아이스크림 사 달라며 손을 내미는 경우가 흔하다. 교사와 학생 사이가 혈육만큼이나 막역하고 친밀해졌다는 것을 보여주는 한 단면이다.

군것질 간식만 사 주는 것이 아니다. 아이들을 교회에서 집으로 운행하는 비용, 간식 챙겨 먹이는 비용 등을 합하면 우리 교회 교사들은 한 달에 보통 20~30만 원 이상을 반 아이들 키우는 데 지출한다. 하나님의 심정을 그 마음에 품는 교사들이기에 가능한 일이다. 이들은 하나님 나라와 그 의를 먼저 구할 때, 필요한 모든 것을 더하시리라는(마 6:33) 주님의 약속을 철저히 신뢰한다. 무학년제를 다른 말로 친자 양육 체제라고 부르는 이유가 이쯤 되면 꽤 설득력이 있지 않은가.

| 무학년제 조직 편성 단계 (거창중앙교회 실제 사례) |

(1단계) 주일학교 어린이 그룹 구분 원칙	(2단계) 몇 개의 그룹으로 할 것인가?	(3단계) 어린이와 기타 성도의 연계 조직화

• 초등학교 학교별 구분
• 지역별 구분
• 유치부 이하는
  가족 관계를 따라감
	• 주변 초등학교의 숫자에
	  따른 그룹
	• 교회 의자의 배치 상황에
	  다른 그룹
	• 교사 리더 숫자의 준비
	  상황에 따른 그룹
		• 그룹별 해당 학생들과
		  관련성 중심으로 조직화
		• 중고청장년 성도 분류
		  (주교사-보조 교사-학생 관계)
		• 이스라엘의 지파조직 개념
		• 각 그룹 리더십 결정
		  (평신도 지도자)
		• 교역자는 영적 지도의 역할
		  (설교 및 영성 지도)

| 학년제에서 무학년제로의 전환 단계 (전통교회를 위한 제안) |

1단계	2단계	3단계	4단계

• 유능하고 열정 있는
  교사로서 2~3명을
  선정하여 시범적으
  로 시행한다.
• 1년 정도 진행
  상황을 보면서 계속
  보완해 간다.
	• 결과적으로 열매가
	  좋을 경우,
	  한 번 정도 추가
	  자원자(교사)를
	  모집하여 시행한다.
		• 큰 문제가 없다고
		  판단되면, 전면적
		  시행을 고려한다.
			• 장년 조직과의
			  연계를 고려한다.

무학년제의 장점

해가 바뀌어 학년이 변해도 주일학교 학급은 그대로 유지되기 때문에 교사와 아이들 모두 바뀐 선생님, 바뀐 학생들에게 새로 적응해야 하는 불편을 겪지 않아도 된다. 또한 교사는 자신이 전도해서 키운 아이가 참된 예배자가 되고, 불꽃목자가 되고, 나중에 중고등부에 올라가고, 어른으로 자라 직분자가 되는 모습을 오랜 세월 기쁨으로 지켜보게 된다.

특히 무학년제의 커다란 장점 중 하나는 교사들이 전도에 더욱 적극적인 자세를 갖게 된다는 것이다. 학년을 가리지 않고 전도를 하고, 그렇게 해서 만난 아이를 담당한 반에서 계속 양육하다 보니 마치 담임목회자처럼 성장의 기쁨을 경험하고 감사의 마음도 품게 된다. 이러다 보니 반 아이들은 교사들과 하나의 영적인 가족이 되는 것이다.

만약 학년제로 운영이 되었더라면 우리 교회 주일학교가 이렇게 빠른 성장을 경험하기 어려웠으리라는 짐작도 해 본다. 교사들 각자가 단지 자신이 담당한 학년 아이들을 잘 관리해 다음 학년으로 올려 보내는 것으로 임무를 다한다면, 그만큼 전도에 대한 동기부여나 긴장감은 떨어졌을 것이기 때문이다.

단점이 있음에도 무학년제를 고집하는 이유

물론 무학년제에도 단점이 없는 것이 아니다. 인지발달 이론에 기반을 둔 학년제 운영에도 분명히 수많은 장점들이 있다. 따라서 주일학교 운영에 무학년제만이 정답이라고 여기고, 각 교회 주일학교 자체적으로 섣부르게 결정을 내릴 일은 아니라고 본다. 담임목사의 확고한

신념과 적극적인 지지가 반드시 뒷받침되는 것이 매우 중요하다.

젖먹이와 사춘기를 겪는 아이들이 한 학급에서 어울리다 보니 교사들의 애로가 적지 않은 게 사실이다. 담당해야 할 아이들의 숫자가 많아질수록 교사들의 역량이 한계에 부딪히는 현상도 전혀 없지는 않다. 하지만 이를 상쇄하고도 남을 만큼의 큰 장점들이 우리 교회에서 무학년제를 고집하는 이유 중 하나이다.

물론 전통적으로 해 오는 대로 '공과 공부'를 진행하는 방식이라면 무학년제는 어려움이 있을 것이다. 앞으로 설명할 것이지만, 우리는 성품훈련을 교육의 중심에 두었기 때문에 무학년제를 충분히 가능하게 한다고 말할 수 있다.

이런 이유 때문에 밖에서 우려하는 것과는 달리 서로 다른 학령의 아이들이 섞여있는 학급 환경 때문에 교육의 어려움이 발생하는 일은 거의 없다. 선생님이 가르쳐주신 내용을 행여 이해하기 어려워하는 것 같다 싶으면 고학년 아이들이 저학년 아이들에게, 저학년 아이들은 또 자기보다 어린 동생들에게 서로의 눈높이에 맞춰 나시 설명해 준다.

또한 보조 교사와 불꽃목자 역할을 하는 학생들이 마치 모세 곁의 아론과 훌처럼 선생님을 도와 주변을 챙기기도 한다. 젖먹이를 비롯한 유아들을 업고 놀며 친형제 이상으로 살뜰하게 보살펴주기 때문에 학급인원이 아무리 늘어도 교사 한 사람이 능히 감당할 수 있다. 어쩌면 주일학교가 세상 교육과 달리 영적인 부분을 다루기 때문에 가능한 일이라는 생각도 든다.

| 무학년제를 시행할 때 유의할 점 |

❶ 무학년제를 시행할 때는 전학년(유치부 이하는 제외 고려)이 사용하는 교재는 통일시키는 것이 좋다.
❷ 무학년제에 임하는 교사는 맡은 영혼을 끝까지 책임질 각오가 되어 있어야만 무학년제가 원활하게 시행될 수 있다.
❸ 무학년제를 시행하면 교회 조직이 단순화되어 상의하달이 용이해지며, 목회 전략이 효율적으로 추진될 수 있는 장점이 있으나, 장점만을 바라보고 채택할 것이 아니라, 먼저 교육 방향을 정한 후에 전 교회적 합의를 거쳐 단계적으로 추진되어야 한다.

수많은 무디가 나오기를 꿈꾸다

무학년제가 주는 혜택들은 우리만 경험한 게 아니다. 여수 충무동교회에서 집회를 인도할 때의 일이다. 집회 첫날 저녁, 유난히 설교에 은혜를 받는 한 분이 눈에 띄었다. 아니나 다를까 다음날 점심 식사를 그분께 대접받았는데, 알고 보니 주일학교에서 '종합반'을 맡는 특별한 교사라고 했다.

얼마나 아이들에게 정성을 다하는지 이분이 한번 전도한 아이들은 학년이 바뀌어 다른 반에 배정되거나, 심지어 유년주일학교에서 중등부로 올라가야 하는 상황이 되어도 "저는 다른 반으로 가라고 하면 교회 안 나올 거예요."라며 떼를 쓰는 통에 이 교사는 결국 학년과 관계없이 반을 운영하게 되었다는 것이다.

사실 이 '종합반'과 같은 학급을 '무학년제반' 혹은 '무디반'이라고도 부른다. 세계적인 전도자 무디의 이름을 딴 것이다.

무디가 하나님의 은혜를 경험하고 교사로 섬기겠다고 자원하여 주일학교를 찾아갔는데, "당신이 누군지도 모르는데 이 중요한 일을 맡길 수는 없습니다."라는 대답이 돌아왔다.

몇 차례 다시 청해도 요지부동이자 무디가 새로운 제안을 했다. "그럼 제가 직접 전도해서 아이들을 데리고 오면 어떨까요?", "그건 괜찮겠네요." 결국 학년에 상관없이 데려왔던 무디의 반이 그 주일학교에서 가장 크게 부흥했다는 것은 주지의 사실이다. 무학년제의 위력이 이러하다.

우리 교회 주일학교 교사들 중에서도 수많은 무디들이 등장하기를 소망한다. 그리고 그들의 슬하에서 자라는 어린 생명들 가운데서도 믿음의 영웅들이 대를 이어 배출되기를 바란다.

3

'전성도의 교사화' 기둥
– 예외 없이, 누구든지 교사가 된다

'전 군의 간부화'라는 말을 들어본 적이 있는가? 북한에서 만들어진 용어인데, 모든 군사들을 정치사상적·군사기술적으로 단련해서 유사시에 한 등급 이상 높은 직무를 수행할 수 있도록 하겠다는 뜻을 가지고 있다. 그런데 이 말이 꽤 오랫동안 우리 남한 쪽에서 제법 인기를 끌어 회사에서는 '전직원의 간부화', 학교에서는 '전학급의 간부화' 하는 식으로 응용되었다. 그 무렵에는 학교에서는 아무리 말썽꾸러기라도 적어도 줄반장 한 번쯤은 해 볼 기회가 있었을 것이다.

아마도 각자에게 어떤 직책을 맡겨주면 조직에 대한 소속감이 더 높아지고, 충성심과 기여도가 함께 커질 것이라는 기대 때문이었을 것이다. 어떤 교회들도 이를 흉내 내서 '전교인의 간부화'를 추진했다는 이야기도 있다.

그런데 실제로 이게 본디 성경에서 유래한 원리이다. 특히 고린도전서 12장은 교회의 은사론에 대해 많은 것을 배울 수 있는 말씀이다. 사도 바울은 이 말씀에서 교회를 세우는 다양한 은사들에 대해 한참 나열한 후 "너희는 그리스도의 몸이요 지체의 각 부분이라"(고전 12:27)라고 하며 몸의 원리를 설명한다.

우리 교회에서는 이를 '전성도의 교사화'라는 새로운 방식으로 바꾸어 적용했다. 다음세대를 향한 하나님의 불타는 심정을 모두가 공유하자는 뜻으로, 온 교우들에게 교사의 직분을 맡긴 것이다.

430명이 이루어 내는 멋진 화음

교회의 목표는 담임목사나 소수 몇 사람만의 구호로 그쳐서는 안 된다. '어린이 천 명을 이루라'는 골인 지점까지 낙오자 없이 전체 교우들이 함께 달려가기를 소망했고, 그 소망을 위해 모든 성도들을 교사화했다. 각자 은사와 형편에 따라 다양한 역할을 부여했다. 주일학교의 부흥은 그래서 온 교회의 기쁨이 될 수 있었다.

보통 제자훈련을 실시하는 교회에서는 일정한 단계를 마치면 훈련받은 성도들이 적재적소에서 봉사할 수 있도록 '은사 배치'에 들어가기 마련인데, 우리에게도 그런 과정이 있다.

주일학교를 운영하려면 가르치는 주교사만 필요한 게 아니다. 담당교사를 돕는 보조 교사, 자동차로 아이들을 운행 하는 차량 교사, 각종 필요한 재원을 마련해 주는 재정 교사, 음식을 만들어 주는 간식 교사,

기도로 후원하는 기도 교사 등 다양한 재능들이 동원되어야 한다.

유초등부를 졸업하고 중고등부에 올라간 선배들 중에서 자원하는 학생들을 보조교사로 임명하고, 현장에서 봉사하기 어려운 연로하신 어른들에게는 기도 교사를 맡긴다. 요리 잘하고 남 대접하기 좋아하는 성도들은 간식 교사, 시간을 내어 자기 차를 운행할 수 있는 성도들은 차량 교사 하는 식으로 역할이 나뉜다. 이름 붙이기에 따라서 교사들의 종류는 얼마든지 더 늘어날 수 있다.

한때 권사님들이 주도해서 '걸레 부대'가 만들어진 적이 있다. 어린이 예배를 마치면 연세 높으신 걸레 부대원들이 등장해서 강대상 위아래는 물론이고, 의자와 바닥 등 구석구석을 말끔히 정리한다. 이 걸레 부대원들이 매주 깨끗이 닦아내지 않았다면 신발 신은 채로 의자 위에 올라서서 율동도 하고 여기저기서 뛰는 아이들 때문에 교회당이 엉망이 되었을 것이다. 이분들 덕에 '청소 교사'라는 명칭도 새롭게 태어났다.

행여나 도로에서 아이들이 사고 나지 않도록 플래시를 켜 들고 봉사하는 '교통 지도 교사'라는 자리도 만들어졌다. 이렇게 했더니 직접적으로 아이들을 가르치고 이끄는 사역을 감당하는 주교사들이 대략 80명 정도인데, 어느 날인가 주일학교 사역에 이모저모 동참하는 교사들을 전부 헤아려보니 무려 430명이 함께 뛰고 있었다.

마치 서로 다른 악기를 연주하는 음악가들이 하나의 오케스트라를 만들어 멋진 화음을 연출하듯 말이다. 이처럼 모든 성도들이 교사가 되어 서로 유기적으로 돕고 섬기는 덕분에 우리 교회 주일학교 규모가 아무리 커진다 해도 넉넉히 감당해 낼 수 있는 것이다.

교사가 될 수 없는 사람은 없다

앞에서 한 차례 살펴보았던 마태복음 18장 4-6절의 말씀에는 같은 단어가 여러 차례 반복되는 것을 발견할 수 있다. '누구든지'라는 네 글자의 단어인데, 바로 이 단어가 거창중앙교회의 '전성도의 교사화' 기둥의 근거이다.

누구든지 교사가 되고, 아이들이라면 누구든지 전도해 제자로 삼을 수 있다. 창세 전에 하나님의 택하심을 받은 자는 누구든지, 하나님으로부터 거창중앙교회에 나오도록 부름을 받은 자는 누구든지, 어린 생명에 대한 불타는 가슴만 가지고 있다면 누구든지 교사가 된다. '더 이상 필요한 게 없이 충분하다'는 뜻으로 '여축이 없다'라는 말을 우리끼리 종종 사용하는데, 정말로 거창중앙교회에서는 교사가 되는 조건에는 여축이 없다.

키가 190cm에다 몸무게는 100kg이 훌쩍 넘는 거구의 성도가 있다고 하자. 교사 직분을 맡기려 하자 배운 바도 없는 데다, 솥뚜껑 같은 손 모양에 인상마저 험상궂어서 아이들이 무서워할 텐데 어떻게 감당할 수 있겠냐고 하던 이 성도가 담당해야 할 자리는 바로 '물 교사'이다. 정수기 옆에서 아이들이 차례를 지키도록 관리하기도 하지만, 행여나 아이들이 예배 중에 물 마신다는 핑계로 밖으로 나올라치면 훈계해서 자리로 돌려보내는 것이 물 교사의 역할이다. 아이들이 다른 데 정신 팔지 않고 예배에 집중하는 환경을 만드는 데 물 교사의 공헌도 적지 않을 것이다.

이처럼 자신에게는 아무런 은사가 없다고 열외가 되는 법이 우리 교회에는 없다. 앞으로도 계속해서 새로운 이름과 역할을 가진 교사들은 계속 등장할 것이다. 세상에 아무런 은사가 없는 사람이 존재하지 않는 것 같이 교사가 될 수 없는 사람 또한 존재하지 않을 것이다. 혹시라도 다음세대를 섬길 자리를 찾지 못한 사람이 있다면 하나님께 지혜를 구하라. 그리고 그 자리에서 헌신하라.

아이의 일생을 책임진다는 자세로 섬기라

교사가 되기 위한 조건은 심각하게 제한하지 않지만, 교사라는 이름을 짊어지는 데 꼭 필요한 마음가짐 한 가지를 교우들에게 당부하는 게 있다. '아이의 일생을 책임진다는 자세로 섬기라'는 것이다. "어린 아이 하나를 영접하는 것이 곧 나를 영접함이니"(마 18:5)라고 하신 주님의 마음을 가슴에 담고 '한번 교사가 되었으면 평생 교사가 돼라'는 것이다.

단순히 지식이나 성적을 책임지는 교사가 아니라 영혼을 책임지는 교사이기에 더욱 그러해야 한다. 그 영혼이 천국에 이르기까지 무한 책임을 져야 하는 것이 교사된 이들의 사명이다. 아이들의 삶으로 들어가고, 영혼으로 들어가고, 할 수 있으면 무의식의 세계까지라도 찾아 들어가서 바른길로 인도해야 한다.

이 시대가 악하기 때문이다. 우리의 아이들이 맞닥뜨리게 될 세상은 위험투성이다. 하나님을 대적하는 사상과 문화들이 사방에서 판을 친다. 만약에 오랜 시간 정성들여 키운 내 제자, 영적인 자녀들이 이단에 미혹된다거나 동성애 등에 빠져 버린다면 얼마나 허탈하고 기가 막힐까 한 번 상상해 보라. 그러므로 아이들이 더 자라기 전에 삶의 방향을 바로 잡아 주어야 한다.

교사들이여, 아이들의 이름을 부르며 기도하라. 하나님께서 내려주시는 영적인 권위를 가지고 아이들을 양육하게 될 것이다. 다른 악한 것들이 들어오기 전에 바른 말씀, 올바른 가치관들이 굳게 자리 잡을 수 있도록 아이들 마음 깊이 심어주어야 한다. 그래야 아이들이 흔들리지 않는다. 설혹 흔들려 잠시 곁길로 빠진다 하더라도 결국 원래의 자리로 돌아오게 된다.

세상 교육으로는 도저히 할 수 없는 구원의 길, 낳아준 부모들조차 보여주지 못하는 천국의 길로 교사들은 아이들을 인도해야 한다. 이 영광스러운 사명을 어찌 회피하고 외면한단 말인가. 누군가 불러주지 않고 시켜주지 않는다면 억지로 우겨서라도 감당해야 할 일이 바로 교사의 직분이다. 전성도가 교사가 되는 것, 결코 이상하거나 특이한 모습이 아니다. 당위이며 사명이다.

"꼭 제가 해야 합니다. 맡겨주세요!"

'전성도의 교사화'와 연관해 조금 더 나누고 싶은 이야기가 있다. 우리 교회에 재영이라는 학생이 있는데 매주일 교회 앞 도로에서 통통한

체격으로 손에 지시봉 하나를 들고 교통 지도를 담당하고 있다. 더운 여름에는 땀을 비 오듯 흘리면서, 한겨울에는 추위에 시린 발을 동동 거리면서도 매주일 빠짐없이 자기 역할을 해 낸다. 참 우직하고 성실하다.

초등학생 때 재영이는 교회 앞 그 도로에서 사고를 당했다. 달려오던 자동차에 부딪쳐 그만 15미터가량을 날아간 것이다. 다행히 큰 부상은 입지 않았지만 본인은 물론 가족들과 교회 전체가 한 차례 가슴을 쓸어내려야 했던 커다란 사건이었다.

보통의 아이들 같으면 무섭다면서, 다니기 싫다면서 주일학교에 발을 끊을 수도 있었겠지만 재영이는 담당교사의 눈물 어린 기도와 끝없이 베푼 사랑 때문에 그럴 수 없었다. 오히려 중학교에 올라가 철이 난 후 스스로 교통 지도 사역을 자원했다. 아직 어린 나이인데 힘들고 위험한 일이라고 만류해도 소용없었다. "제가 당해 봐서 알잖아요. 다시 그런 사고가 나면 목사님은 어떻게 목회하시겠어요? 꼭 제가 해야 합니다. 맡겨주세요!"라고 간청하는 통에 그렇게 하라고 그의 말을 들어주고 말았다.

그 덕분에 우리 교회 주일학교 아이들은 넓은 도로를 안전하게 오갈 수 있게 됐다. 교회에서는 재영이를 '교통지도교사'로 임명했다. 당당히 유년주일학교를 섬기는 사역자의 일원이 된 것이다. 의심할 나위 없이 그는 자기 직분을 하나님이 내려주신 천직으로 받아들이며, 누구보다 뜨거운 사명으로 불타오르는 교사로 봉사하고 있다.

재영이처럼 교사를 천직으로 여기는 교우들은 한 둘이 아니다. 아이들을 가르치는 일만으로는 성에 차지 않아 차량 교사와 재정 교사를 비롯한 다른 교사 역할까지 겸하며 혼자서 몇 사람의 몫을 감당하는 이들도 있다. 자동차로도 왕복 한 시간 반가량 걸리는 꾸불꾸불 한 산길을 매주 오가는 교사, 또 멀리 함양군에까지 가서 아이들을 데려오는 열성적인 교사들도 여럿이 있다.

시간이 많아서 교사를 하는 것일까?

어떤 교회들의 이야기를 들어 보니 학년이 바뀔 무렵이 되면 주일학교 부장들이 교사들을 피해 숨는 기이한 광경이 벌어진다고 한다. "저 내년에는 정말로 교사 못 해요. 제발 저 좀 교사 임명에서 빼 주세요."라고 하소연하는 이들이 하도 많아서 아예 마주치지 않으려고 도망 다니는 것이란다. 우리 교회 같으면 그런 분들은 자격이 없다고 말할 것이다. 교사로서 자격뿐 아니라 아예 하나님의 은총을 입은 성도로서 자격이 없다고 단호하게 말할 것이다.

목사라서 교인들 사정을 잘 모르기 때문에 이렇게 이야기한다고 할 사람이 있을지 모른다. 하지만 앞에서 말했다시피 이미 40대가 되기까지 기업에서 직장생활을 하며, 교사의 힘든 과정을 충분히 경험했다. 마땅히 할 일인 줄 알고 임하니 감당할 수 있도록 해 주셨다.

하나님께서 자신에게 맡겨주신 직분을 소중히 여기라. 더욱이 그 자리가 어린 영혼들을 책임지는 교사의 자리라면 결코 회피하거나 포기하지 말라. 직분을 감당하는 데 어려움이 있다면 하나님께서 반드시 해결책을 주실 것이다.

앞에서 예로 든 백화점 왕 워너메이커의 경우를 생각해 보라. 그는 시간이 많아서, 여유가 만만해서 주일학교 교사 직분을 평생 놓지 않았겠는가? 또한, 그 결과 그의 삶은 어찌 되었는가?

"이제 우리도 교사를 천직으로 삼아야 한다."

4

'전자원의 집중화' 기둥
― 다음세대 사역에 모든 힘을 집중시키다

탱크에서 사용하는 폭탄 중에 '고폭탄'이라는 게 있다. 이 폭탄의 작동 원리는 이렇다.

포탄 앞쪽 끝 부분을 '탄두'라고 하는데, 바로 이 고폭탄의 탄두가 탱크의 철갑에 부딪칠 때 즉시 뇌관이 터지고, 폭탄 속의 화약에 순간 불이 붙으면서 강하게 폭발한다. 그러면 수류탄처럼 철갑이 터져야 하지만 탱크용 고폭탄은 터지지 않는다.

오히려 그 폭발력이 역 추진되어서 탱크 철갑을 순식간에 뚫어버린다. 그 힘은 장갑을 파괴하고 관통시켜 안에 타고 있는 승무원들을 전멸시킬 만큼 그 위력이 엄청나다.

간단히 정리하자면, 순간적으로 집중되는 화력을 이용하면 두꺼운 철갑마저 뚫을 수 있다는 것이다. 집중의 무시무시한 위력이다. 화약 말고 물을 활용해 집중의 힘을 보여주는 실험을 본 적도 있다.

자연 상태라면 아무런 파괴력을 가지지 못했을 그저 부드러운 물줄

기가 고압의 집중된 힘으로 분사되자 단단한 철판을 절단해 내는 퍽이나 인상적인 장면이었다.

이와 같이 모든 일의 성패는, 여러 사람들의 힘을 어떻게 하나가 되게 해서 어디에 집중시키느냐에 달려있다고 믿는다.

모든 잠재력을 한곳에 모으다

우리 교회 '전성도의 교사화'는 자연스럽게 '전자원의 집중화'로 연결됐다. 고폭탄처럼 철갑을 뚫을 정도의 위력을 발휘하려면 현재 가진 자원에서 최대치를 끌어내야 했다. 더욱이 '어린이 일천 명'을 목표로 삼을 당시 거창중앙교회는 그다지 많은 자원을 가진 상태도 아니었다.

오직 '어린이 사역'이라는 한 가지 목표에만 집중해야 했다. 작은 힘이라도 새어나가게 할 수 없었다. 이 때문에 집중을 위해 다른 많은 것을 포기할 수밖에 없었다.

대표적인 예가 '찬양대' 사역이었다. 대개의 교회들에서 가장 유능한 인력이 동원되는 파트가 바로 주일학교와 찬양대이다. 그래서 서로 좋은 인재들을 끌어들이기 위해 두 파트 사이에 소리 없는 경쟁이 벌어지는 일이 드물지 않다.

일꾼이 많지 않은 교회에서는 한 사람이 양쪽을 다 섬겨야 하는 경우도 많다. 그러다 보면 서로 시간 사용이나 공간 활용 등을 두고 주일학교 책임자와 찬양대 책임자 사이에 신경이 곤두서서, 사사건건 불필요한 소모전을 벌이는 상황이 발생한다. 어느 것 하나 중요하지 않다고 말할 수 없기에 이런 상황에 봉착하면 담임목사 입장에서는 누구 편을 들기가 참 애매하다. 우리 교회가 딱 그런 상황에 빠지기 좋은 형국이었다.

안타깝지만 찬양대 사역을 일정 기간 중단하기로 했다. 대신에 예배 시간에는 회중 찬양을 강화하는 쪽으로 방식을 전환했다. 우리가 지닌 모든 잠재력을 한 곳에 모으기 위해서는 어쩔 수 없는 선택이었다.

교회의 표어, 조직 체제, 예배 시간, 재정 배분, 심지어는 예배당 구조까지 온통 주일학교 사역에 초점을 맞춰 대대적인 수술을 감행했다. 앞서 설명했듯이 교회 역사상 유례가 없던 변화에 미처 적응하지 못한 이들도 있었지만, 다 감수하기로 하고 추진했다.

주님의 응답으로 방향을 정한 만큼 더 이상 뒤를 돌아볼 수는 없었다. 그러나 하나님께서 함께하시니 우리의 힘은 점점 결집되었고, 마침내 당초 예상했던 수준이나 속도 그 이상의 폭발력이 나타나게 된 것이다.

다음세대 사역이라는 전투를 함께 치르다

내친김에 군대 이야기를 조금 더 해 보려고 한다. 기갑부대는 일반 부대와는 성격이 다르다. 파괴력이 강한 고가의 장비들을 다루어야 하다 보니, 작은 사고라도 났다하면 인명은 물론이고 부대 전체 전력에

치명적인 피해들이 발생한다. 전 부대원들이 잠시라도 긴장을 늦출 수가 없다. 따라서 부대 내 군율과 기강을 대단히 엄격하게 관리한다.

그렇기에 공동의 목표를 위해 혹독한 훈련과 임무를 감내하는 과정에서 전우들 사이에 굉장히 진한 유대감이 형성된다. 사회에 나와서도 같은 기갑부대 출신을 만나면 사라졌던 생기마저 되살아날 정도이다.

한 번은 현역 중위로 복무하던 시절 장교복 차림으로 열차를 탔다가, 근처에 있는 전차중대에서 상사로 근무하고 있다는 분으로부터 쩌렁쩌렁한 구령과 함께 경례를 받은 적이 있다. 나이고 계급이고 다 떠나서 그렇게 반가울 수가 없었다.

이처럼 체력적으로 고단하거나 심적으로 어려웠던 시기를 함께 경험한 사이라면 그렇지 않은 사람보다 동질감과 공감대를 더 크게 느낄 수밖에 없다.

거창중앙교회를 시무하면서, 교우들과 군대 시절 못지않은 끈끈한 동지애를 경험하고 있다. 하나님 나라 군대인 우리 교우들은 기도로 맹렬히 훈련받았고, 다음세대 사역이라는 전투를 오늘도 함께 치르고 있다. 이런 분위기에서 집중력과 폭발력이 쌓이지 않는다는 것이 도리어 이상한 일일 것이다.

학교 운동장에서 기도하는 가족들

특히 기도는 우리의 모든 영적 자원들을 한데 모아 분출시키는 뇌관 역할을 했다. 여기에는 미처 들려드리지 않은 한 가지 배경이 작용하고 있다.

예배당에서 1킬로미터도 떨어지지 않은 거리에 거창초등학교가 있는데, 2000년 당시 전교생이 무려 3,000명에 이른다고 했다. 여기는 하나님께서 다음세대 사역의 꿈을 보여주신 우리에게 맡길 황금어장이 틀림없었다.

어느 날 감동적인 한 이야기를 듣게 되었다. 어느 가족이 밤마다 거창초등학교 운동장에서 텐트를 치고 기도했다는 것이다. 거창 출신의 어느 목사님 식구들이었다. 이분들은 거창을 위해 이 학교에 가서 철야 기도하라는 주님의 부름을 받고, 몇 달씩이나 거창의 복음화를 위해 매일 밤 학교 운동장에서 기도하고 있었다. 열심히 기도하는 목사님과 자녀들 모습이 마치 광야에서 주님의 길을 예비하는 세례요한의 모습이 아닐까? 훗날 우연히 그 목사님을 통해서 들은 이야기다.

기도의 강행군을 벌이다

그 이야기는 커다란 충격과 함께 이후의 사역에 엄청난 동기부여가 됐다. 그 자극과 도전 앞에서 더더욱 기도하지 않을 수 없었다. 그분들보다도 더 열심히 기도해야겠다는 의욕이 샘솟아 올랐다.

그래서 매일 세 시간씩 천 일간의 새벽 기도로도 부족해 낮에는 여자 교우들 중심의 에스더 기도회, 저녁에는 교사 기도회까지 많게는 하루에 네 차례씩 치열한 기도 강행군을 벌였다. 하지만 그 훈련 대열에서 낙오자는 거의 없었다. 오히려 성도들은 더 강하게 무장됐다.

이제 우리 교회는 거침없이 밀고 들어가는 기갑부대처럼 막힌 길은 뚫어내고, 없던 길도 개척해 가며 하루하루 전진하고 있다. 인력이 없다고, 자원이 부족하다고 낙심하지 말라. 하나님의 인도하심이 확실하다면 필요한 자원들은 반드시 공급해 주신다. 우리가 할 일은 오직 주어진 자원들을 가지고 하나님 앞에 기도하면서 목표에 최대한 집중하는 것이다.

5

'불꽃목자' 기둥
– 예수님의 뒤를 따라가며 헌신하는 작은 예수들

여름이 되면 거창 읍내 곳곳이 붉은색으로 물든다. 우리 교회 아이들에서 어른 성도들까지 다 합쳐 벌떼 같은 사람들이 빨간 티셔츠를 맞춰 입고, 동네 곳곳을 돌아다니기 때문이다. 그래서 매년 여름 7, 8월이면 마치 2002년 월드컵 때처럼 거리가 붉은 행렬로 들썩인다. 예수 그리스도께서 흘리신 보혈이 이 거창 땅을 물들이기를 소망하는 하나님의 마음이 거기에 담겨있다.

그 티셔츠 한가운데는 선명한 글씨로 'JJ'라고 하는 두 글자가 새겨져 있다. 'Junior Jesus' 즉 '작은 예수', '어린 예수'를 뜻하는 이 글자는 거창중앙교회 유년주일학교의 로고이자, 우리 교회의 어린 헌신자인 '불꽃목자'들을 상징한다.

불꽃목자에는 자신이 맡은 영혼들을 향해 불타는 사랑을 품은 사역자, 곧 "나는 선한 목자라 선한 목자는 양들을 위하여 목숨을 버리거니와"(요10:11)라고 말씀하시는 예수님과 닮은 사역자라는 뜻이 담겨있다.

'예수님께서 제1호 불꽃목자시니, 우리는 예수님의 뒤를 따라 제2호 불꽃목자가 되자!' 라는 마음으로 세상의 영혼들을 생명 바쳐 섬기는 불꽃목자들을 길러 내고자 함이다.

아이들은 비밀병기다!

앞 장에서 교사들의 정예화를 강조한 것은 결국 교사들을 통하여 아이들을 복음의 정예요원으로 삼기 위함이다. 가르치는 이들의 헌신적 예배와 섬김은 그대로 배우는 이들의 모델이 된다. 뛰어난 지휘관과 조교 밑에서 유능한 병사들이 양성되는 것과 같은 원리이다. 우리 교회의 불꽃목자 아이들이 그렇게 자라고 있다고 믿는다.

우리 교회 아이들은 마냥 어른들의 보살핌만 받는 수동적인 존재들로 자라지 않는다. 학년이 올라갈수록 반 선생님들을 돕고, 어린 동생들을 돌보는 등, 능동적인 역할들을 맡는다. 또한 장성해서는 온 세상 사람들을 그리스도께로 이끄는 리더 역할을 감당하겠다는 꿈에 매일매일 다가가고 있다. 이는 '불꽃목자'라는 이름으로 헌신한 아이들을 예수님을 닮은 영혼 사역자로 키운 결과라고 믿는다.

그렇게 많은 아이들이 한꺼번에 예배를 드려도, 무학년제로 운영되는 학급이 아무리 커진다고 해도 아이들이 흐트러지지 않고 일사불란하게 움직이는 이유를 우리 교회에 직접 탐방 온 분들도 잘 찾아내지 못한다. 바로 불꽃목자들이 배후에서 보이지 않는 역할을 아주 잘 감당하고 있기 때문이다.

불꽃목자들은 아직 철모르는 동생들과 교회에 새로 나온 친구들을 영적으로 압도하며 모두가 예배에 집중하도록, 목사와 교사들의 가르침에 순종하도록 분위기를 만든다. 그뿐만 아니라 전도에도 앞장서며, 선생님을 도와 반 관리나 심방까지 중요한 역할을 한다. 특히 자신이 전도한 친구들과 선생님을 이어주는 끈이 되어주고, '신앙생활은 이렇게 하는 것이다.'라는 본보기 역할까지 톡톡히 해 낸다.

'애들이 해봤자 뭘 얼마나 하겠어?'라고 지레짐작하던 분들도 우리 교회 불꽃목자들이 분출하는 에너지를 한 번 겪어본 뒤로는 생각이 완전히 바뀐다. 실제로 교회의 분위기를 주도하는 존재가 어른들보다 아이들인 것을 인정하게 된다. 아이들에 대한 기대를 바꿔야 한다. '아이들은 비밀병기다!', '아이들이 더 잘 한다.'라는 의식을 가지고 대하면 아이들은 정말 잘 해 낸다.

불꽃목자가 되려면

불꽃목자는 아무에게나 덥석 붙여주는 명칭이 아니다. 그 이름을 얻기 위해 아이들은 평소 꾸준한 성실함과 적극적인 자세를 보여주어야 하고, 수많은 시험의 관문들을 통과하고, 최후의 미션까지 해결해야 한다. 그처럼 힘들게 얻은 '불꽃목자'라는 이름에 아이들은 엄청난 자부심을 갖는다. 아직 불꽃목자에 선발되지 못한 아이들도 그 위치에

오르기 위해 의욕을 불태우며 분발한다.

처음 우리 교회에 나온 아이들에게는 구원의 확신부터 가르친다. 그 뒤로 예배훈련, 성품훈련, 사역훈련 등이 이어진다. 이런 훈련들을 잘 따라오고, 예배 시간에 휴대폰이나 게임기 같은 것을 가지고 노는 모습 등 잘못된 습관들이 깨끗이 정리하기를 갈망하는 아이들 중에서 불꽃목자 훈련생들이 매년 150명가량 선정된다.

이 아이들은 여름성경학교와는 별도로 마련되는 '불꽃목자 수련회'에 교사들과 함께 참가하게 된다. 수련회는 3박 4일로 진행되며, 오전 9시부터 보통 밤 11시를 넘겨야 하루 프로그램이 끝나는 다소 벅찬 일정이다.

수련회 기간 아이들은 기본 신앙을 다루는 베이직 코스를 비롯해 성경을 중심으로 한 바이블 코스, 거기에 성품 코스까지 총 30여 가지 테스트를 하나도 남김없이 통과해야 한다.

이 과정을 통해 구원의 확신을 비롯한 기본적인 신앙 토대를 점검하고, 신앙 관리가 어떻게 이루어지고 있는지를 확인하며, 핵심적인 성경 구절들을 암송하는 등의 훈련이 이루어진다. 대부분 모범적인 아이들인지라 결국 마지막 테스트까지 기어이 완수를 해 내지만, 한 단계 한 단계 성취해 나가는 과정이 쉽지 않다. 곁에서 아이들을 돕는 교사들조차 녹초가 되곤 한다.

하지만 이게 끝이 아니다. 모든 테스트를 마친 후에도 최후의 미션이 남아있는 것이다. 그것은 영혼 사역에 동참하는 일이다. 누군가가 자신이 출석하는 교회의 진정한 일원으로 정착했다는 증거는 바로 '영혼 사역의 현장으로 들어오는 일' 즉 전도 사역에 함께하고 있느냐의 여부로 확인할 수 있는 것과 같은 원리다.

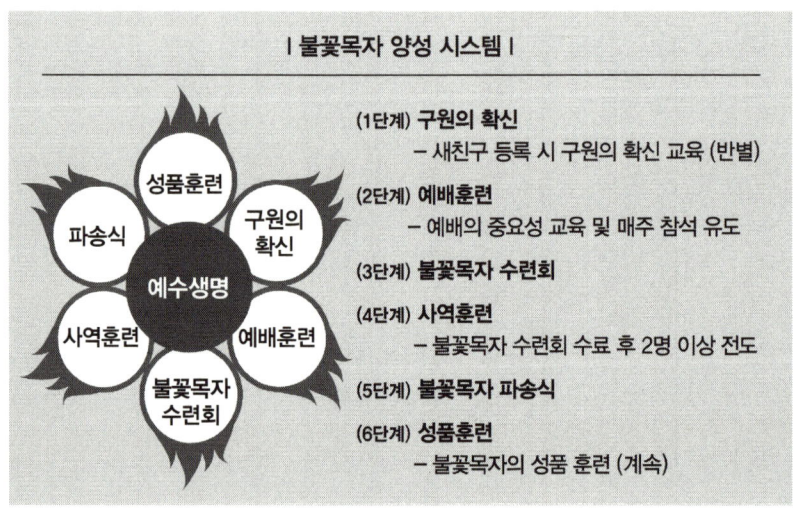

| 불꽃목자 수련회 계획 (거창중앙교회 실제 자료) |

- 일시 : 매년 여름방학 중 3박 4일
- 장소 : 거창 월성 청소년 수련원
- 커리큘럼 개요
  - 기본 과정 (Basic Course) - 구원의 확신, 교회 사명과 목표, 사역 방향 제시
  - 성경 과정 (Bible Course) - 성경내용 및 12그릇 만들기, 암송
  - 성품 과정 (Character Course) - 성품 정의 및 훈련 방법, 암송
  - 말씀 집회 (매일 밤 2~3시간) - 성경적 삶의 모습 제시(기본, 태도, 꿈 등)
- 수료 기준 : 30여개 항목의 구술 테스트 통과
- 시상 방식 : 수시 및 '불꽃골든벨' 결과로 시상

불꽃목자로 임명되는 그 순간

성도라면 누구든지, 영혼 사역에 동참하는 순간, 스스로에게나 다른 사람 앞에서나 당당히 '나의 교회'라고 1인칭으로 이야기할 수 있는 자신감이 생긴다.

그렇지 못하다면 여전히 교회는 3인칭으로 표현될 것이고, 교우들이나 교회 사역들 또한 '남'이나 '남의 일'로 여겨질 것이다. 아이들도 마찬가지이다.

그래서 불꽃목자가 되기 위한 마지막 단계는 적어도 두 명 이상의 친구를 전도해 교회로 인도해 오는 임무를 수행하게 하는 것이다. 앞서 모든 과정들을 고생스럽게 통과해 놓고도, 이 미션을 완료하지 못해 불꽃목자 임명이 미루어지는 경우도 있다.

하지만 그 단계까지 멋지게 뛰어넘은 후 아이들이 느끼는 환희는 상상 그 이상이다.

| 불꽃목자 파송 식순 |

- 사전 준비 : JJ티셔츠 및 불꽃목자 가방 착용 후 강단에 도열
- 개회 선언
- 개인별 불꽃목자 링타이 수여 및 안수 기도 (담임목사)
- 전체 기념 촬영
- 「불꽃목자 오다짐」 선포
- 파송 기도
- 폐회 선언

모든 친구들이 지켜보는 가운데 진행되는 불꽃목사 파송식은 그 절정이라고 할 수 있다. 불꽃목자 파송식은, 우선 불꽃목자들을 위해서 따로 제작한 교회 나름의 '불꽃목자 가방과 링타이'를 착용하고 담임목사의 안수로 정식 임명을 받는다. 바로 이때 아이들이 가슴 벅차고 뿌듯해 하는 표정들은 가히 압권이다.

지구촌 곳곳에서 사역하는 불꽃목자로 자라기를

우리 교회 아이들이 가장 무서워하는 꾸중이 있다. "불꽃목자가 그렇게 행동하면 되겠니?", "예비 불꽃목자가 지금 이렇게 하면 나중에 어떻게 불꽃목자가 될 수 있겠니?" 이런 이야기를 듣고 나면 아이들은 정신을 바짝 차린다.

불꽃목자들의 사랑스러운 모습은 교회 밖에서도 얼마든지 목격할 수 있다. 새로 나온 친구들을 소개할 때 또는 친구의 집에 심방을 갈 때 불꽃목자들은 마치 아나운서나 변호인이라도 된 양 신이 난다.

앞장서 폴짝폴짝 뛰며 어느 집 앞으로 교사를 데리고 가서는 "여기가 제가 전도한 친구 ○○네 집인데요. 아직 부모님은 교회 안 나오시지만 선생님이 들어가서 만나셔도 괜찮을 거예요. ○○네 엄마도 잘 하면 곧 교회 나오실 것 같아요."라고 말한다. 이처럼 또렷또렷하게 친구의 신상에 대해서 설명하고, 그 가족들의 영적 상태까지도 술술 말하는 아이들이 어찌 보석처럼 귀하지 않겠는가.

담임목사인 내게 가장 큰 행복은 철없는 아이에 불과했던 불꽃목자들이 점점 친구들과 가족들의 섬김이로 변해가는 모습, 분반 공부시간이나 전도 현장에서 교사들의 훌륭한 도우미로 자라나는 모습, 그렇게 성장해서는 어엿한 정식 교사로서 아이들을 돌보는 모습을 지켜보는 것이다.

언젠가 이 아이들이 거창을 떠나 대한민국 전역으로, 다시 온 세상으로 흩어져 지구촌 곳곳에서 불꽃목자로 사역하는 날이 오기를 고대한다. 그 사명이 성취될 때, 우리 거창중앙교회는 옛 영국이 '해가 지지 않는 나라'라는 명성을 가졌던 것처럼 '해가 지지 않는 교회'가 될 것이라 믿는다.

6

'예다미 훈련' 기둥
– 예수님의 성품을 본받는 아이

우리 교회를 방문하는 사람들이 감탄하는 일들 중 하나는 아이들이 인사성이 좋고 대단히 예의 바르다는 것이다. 현관에서든 복도에서든 심지어 화장실에서까지, 마주치는 아이들마다 반갑게 인사하고, 마치 여러 번 만난 사이인 양 친근하게 대해 준다며 놀라워한다. 하긴 요즘에 자기 교회 목사님이나 장로님조차 못 알아보고 "아저씨는 누구세요?"라고 묻거니, 똑바로 마주쳐도 고개 숙일 줄 모르는 아이들이 많다고 하는데 우리로서는 참 납득하기 어려운 이야기이다.

실제로 아이들에게 예절 교육을 잘해 보려고 애쓰고 있다. 어른들에게 인사하는 모양새부터 대충하거나 가식으로 하는 일 없이, 공손하게 진심을 담아 행동하도록 한다. 단지 사람들 보는 앞에서만 예의 있게 처신하는 게 아니라 가정에서든 학교에서든 일상생활 속에서 늘 배운 대로 실천하도록 지도하고 있다.

평소 아이들이 성품훈련을 통해 배운 바를 집안에서 어떻게 실천하는지는 학부모들이 직접 촬영해 교회 선생님에게 보내주는 사진들로 확인한다. 사진 속에서는 아이들이 직접 책상을 깨끗이 치우는 모습, 아침에 일어나 침대보를 깔끔하게 정리하는 모습, 신발 정리를 바로 하는 모습 등이 담겨있다. 매주 이런 사진들을 한 사람당 한 장씩 주일학교 광고 시간에 소개하는데, 어떤 때는 200장에 가까운 사진들이 계속 이어지기도 한다.

성품훈련은 다른 식으로 표현하면 예절교육 혹은 자리교육이라고 할 수 있다. 성경에서는 주님을 '질서의 하나님'(고전 14:33)으로 묘사한다. 질서가 무엇일까? 각자가 있어야 할 자리에서, 자기의 일을 하는 것이다. 예수님이 그런 성품을 가진 분이라면 예수님을 닮은 사람들도 그렇게 행동하는 게 당연하다. 목사도, 부모도, 자녀도 각자의 자리에서 예의를 지키며 제 역할을 감당하도록 하는 것이 바로 성품훈련이다.

아이들의 성품훈련은 부모를 변화시킨다

아이들이 변화되는 모습은 특히 믿지 않는 부모들에게 큰 영향을 미친다. 실례가 있다. 어느 집에 아빠가 저녁에 퇴근해서 집으로 돌아오는 시간이다. 현관에 들어서는데 그날따라 신발 정리가 깔끔하게 되어 있다. "어! 이게 뭐지?" 엄마가 대답한다. "애가 한 거예요. 세상에, 제 방도 직접 청소하고 정리하더라고요!"

교회에 출석한 지 2주밖에 안 된 아이의 집에서 일어난 장면이다. 아빠가 몹시 신기해하며 어디서 이런 것을 배웠느냐고 물어보면 아이는 당연히 눈을 반짝이며 '교회'에서라고 대답한다. 그때 아빠는 깜짝 놀라면서, "그래? 앞으로 더 열심히 가서 더 많이 배워 와라." 하고 칭찬을 아끼지 않는다. 사실 그 아빠는 아이들이 교회에 가는 것을 반대하던 분이었는데 그때부터 아이가 교회에 다니는 것을 허락하고 잘 보내 주시고 있다.

또한, 토요일 낮이면 주일학교의 구역 예배 혹은 셀그룹 격인 '반목장 모임'이 실시된다. 교사의 집이나 학생들의 집을 돌아가며 모임이 진행되는데, 교우들의 가정은 물론 믿지 않는 부모들의 가정에서도 흔쾌히 모임 장소를 제공해 준다. 성품훈련이 일으키는 효과들을 부모님들의 눈으로 직접 목격한 결과이다.

성품훈련이 해답인 이유

어린이들을 열심히 전도하고, 불꽃목자들을 세우면서 이 아이들을 하나님의 자녀답게 키우는 방법을 고심했다. 한국교회가 오늘날 직면한 위기에는 많은 원인이 있지만, 그중 가장 큰 문제는 그리스도인들이 종교적 열심에 비해 삶과 인격으로 본보기가 되지 못한다는 것이다.

교회에 열심히 다닌다는 사람들이 자신들에게 아무런 감동을 주지 못하는데, 누가 예수를 믿으려하고 기독교에 호감을 갖겠느냐는 것이다. 결국에는 성품훈련에서 해결책을 찾아야 한다고 생각했다.

이미 여러 교회들이 주일학교나 부설 교육기관 등에 성품훈련을 도입하고 있다. 교회들뿐만 아니라 흉악범죄, 증오범죄, 갑질 문제 등으로 몸살을 앓으면서 심각성을 절감한 우리 사회에서도 정부, 학계, 교육계 등이 중심이 되어 인성교육의 연구와 도입에 열을 올리는 중이다. 그런데 그런 교육 방식에는 한계가 있음을 본다. 기대했던 것만큼 큰 효과들을 거두지 못하고 있는 것이다.

집회를 인도했던 서울의 한 교회가 있다. 그 교회도 성품훈련에 열을 올리고 있었는데, 한번은 담당 사역자가 집회 중에 찾아와 하소연을 시작했다. 벌써 3~4년가량 자기 교회 아이들에게 성품훈련을 실시하고 있는데 큰 변화가 나타나지 않는다고, 오히려 더 강퍅해지는 아이들도 있다고. 그런데 원인을 찾을 수 없어 고민이라 했다.

결국, 거창의 현장을 견학하면서 다른 점을 비교해 보겠다던 그분이 한나절을 함께한 후에 속이 시원하다는 표정으로 왔다. 답을 찾았다는 것이다. 바로 성경 속 예수님의 성품을 가르치느냐, 세상의 윤리 도덕 차원의 성품을 가르치느냐 하는 부분에서 근본적인 차이가 있었음을 깨달았다고 했다.

그렇다! 성품의 변화는 단지 지식과 훈련만으로 되는 것이 아니다. 바리새인들이나 사두개인들을 보라. 엄청난 지식과 훈련에도 불구하고 타락한 본성을 극복하지도, 구원의 길에 서지도 못했다. 예수 그리스도의 십자가와 보혈만이 타락한 인간을 구원하고 그 죽은 양심을 변화시켜 새사람으로 만들 수 있다(히 9:14). 오로지 예수님 닮기 성품훈련만이 해답인 이유는 바로 여기에 있다.

온 세대의 성품훈련으로까지 이어지다

예수님의 성품을 본받으라는 것은 성경의 명령이다. "너희 안에 이 마음을 품으라. 곧 그리스도 예수의 마음이니"(빌 2:5)라고 말씀하신다. 죄인들을 죽기까지 사랑하사 그 몸을 희생해 주신 예수님, 겸손히 허리 굽혀 제자들의 발을 씻기신 예수님, 자비와 긍휼로 병든 자와 약한 자들의 친구가 되어 주신 예수님의 마음을 배우고 훈련해서 그대로 따르라는 교훈이다.

이렇게 그리스도의 장성한 분량에 이르도록 성도들을 인도하는 것이 바로 목사의 입장에서는 목회를 하는 이유이며, 성도들의 입장에서는 구원에 이르는 성화의 과정이 된다. 이것이 거창중앙교회 주일학교를 세우는 일곱 개의 기둥 중 하나로 이 '예수님 닮기 성품훈련'을 정한 이유이다.

특히 성품훈련은 어릴 적 조기교육이 대단히 중요하다. 성품훈련은 어른들에게도 변화를 기대할 수 있지만, 아직 어떤 성격이나 습관이 고착화되지 않은 어린 세대들에게 더 큰 효과를 나타낸다. 그리고 아이들 성품훈련을 진행하는 과정에서 교사와 부모들은 자신들이 먼저 본이 되어야 한다는 부담감을 가진다. 따라서 주일학교 성품훈련이 곧장 온 세대의 성품훈련으로까지 역할을 확대하게 되는 것이다.

성품훈련을 도입하기로 결심하면서 4~5년에 걸쳐 여러 가지의 성품훈련 방식에 대해 연구하고, 매일 아침, 이 문제를 가지고 집중적으로 씨름한 시간들이 있었다. 그 결과 진실, 정확, 엄격, 근면, 관대함, 섬세함, 견고함, 오래참음, 깊이있음, 순수, 올바름, 침착, 몰두 등 총 30가지에 달하는 예수님 성품을 차례대로 한 가지에 8주간씩 훈련하는 교육과정을 만들었고, 이를 '예수님 닮은 아이'를 키운다는 의미에서 '예다미 성품훈련'이라고 이름 붙였다.

| 매 주일 예다미 성품 훈련 시간표 |

구분		담당	예배 순서	
			순서	설명
오전	8:50~9:00	인도자	찬양 준비	불꽃 찬양단 준비 기도
	9:00~9:40	인도자	불꽃 찬양	통성 기도로 마무리
			신앙고백	다같이 한 목소리로 고백
	9:40~9:50	설교자	애니메이션 시청	마음 깊이 새겨지도록 집중 유도
	9:50~10:10	설교자	말씀 읽기	다 같이 한 목소리로 읽기
			말씀선포(PPT)	성품 관련 말씀
	10:10~10:15	인도자	찬양&헌금	"하나님께 드릴 수 있어서 너무너무 좋아요!"외친 후 찬양하며 헌금
	10:15~10:20	인도자	광고	광고시 성품 실천 시상*
		설교자	축도	한 목소리로 기도 후 축복 기도
	10:20~10:25	인도자 설교자	새친구 환영 및 모범 어린이 시상	새친구 환영 후 기도 모범 어린이 시상(사진 촬영)
	10:25~10:30	인도자	찬양	찬양하면서 아이들 귀가
오후	1:50~2:10	인도자	찬양	통성 기도로 마무리
	2:10~2:30		오후 프로그램	〈아래 표 참조〉
	2:30~2:40	영어선생님	영어 말씀 암송	집중 몰두하며 영어 암송 하기
	2:40~2:45	인도자	광고	
	2:45~3:10	각 반 교사	분반 공부	열정적으로 분반 공부
	3:10~3:20		간 식	보조 교사 및 불꽃목자 간식 준비

*인사 잘하기, 침대보 정리, 책상 정리, 신발 정리 바로 하기

| 오후 프로그램 (매주 오후 2시10분~2시30분) |

주별	내용	설명
1주	복습 게임	'성품 애니메이션' 내용에 대한 재학습을 위해, 질의응답 방식으로 반복해서 진행한다.
2주	성품동화 그림 순서대로 배열하기	이야기 순서대로 그림 배열하기를 하면서, '성품동화'의 내용을 더욱 정확하게 익힌다.
3주	20자 명언 만들기	아이들이 20자 명언을 만들어 가면서, 예수님의 성품을 실천하는 삶을 살도록 다짐하게 한다.
4주	스킷 드라마	해당 성품에 관련된 스킷 드라마 공연을 통하여, 생활 현장에서 예수님 성품을 꼭 실천하도록 다짐하게 한다.
5주	성품동화 내용 빈칸 맞추기	빈칸 채우기 퀴즈를 통해 아이들이 성품동화 내용을 더욱 깊이 숙지하고 해당 성품을 실천 하도록 유도한다.
6주	성품 실천 다짐하기 게임	교회, 학교, 집에서 해당 성품의 실천 항목들을 찾아보는 게임을 통해, 다음 주 '간증문 쓰기'의 준비가 되게 한다.
7주	특별 프로그램	성품 진행 상황을 참고하여 신나고 즐거운 놀이를 준비. 새삼스럽게 성품실천을 더욱 촉구 한다.
8주	전체 성품 되새김 게임/	다양한 방법의 게임을 통해, 지금까지 배웠던 성품 항목들을 상기시킨다.
	생일 파티 (2달에 한 번)	예수님 안에서 하나 됨을 일깨우기 위해 생일 파티를 하는 시간을 가진다.

※ 이 모든 프로그램은 '예다미 기획팀'에서 담당하고, 계속 새로운 방식을 고안한다.

예다미 교육은 어떻게 진행되는가?

예다미 성품 교육은 어떻게 이루어지는지 자세하게 살펴보자. 철학자 데카르트의 명언 중 '생각을 바꾸면 행동이 바뀌고, 행동이 바뀌면 습관이 바뀌고, 습관이 바뀌면 인격이 바뀌고, 인격이 바뀌면 운명이 변한다'라는 말이 있다. 이를 줄여서 '사행습인운(思行習人運)'이라고도 부르는데 조금 억지스러운 조어이기는 하지만 그 원리만큼은 옳다고 본다. 예다미를 키우는 성품훈련도 이 원리를 따른다.

거창중앙교회 매 주일 아침 9시 예배는 성품설교를 중심으로 진행된다. 성품설교는 한 가지 주제를 8주 동안 연속해서 다루는 방식으로 이어진다. 한 연구에 따르면 어떤 성품을 개인의 삶에 체질화하고, 의식 세계를 넘어 무의식 세계까지 터치할 수 있기까지는 두 달의 시간이 걸린다고 한다. 우리는 하나님의 인도에 따라 한 주 한 주 진행하다 보니 확신 가운데 8주 코스로 정착하게 되었다.

첫 주부터 여섯째 주까지는 각 성품과 관련된 스토리를 중심으로 제작된 애니메이션을 시청하여 먼저 이야기를 들려주고, 거기서 놓치지 말아야 할 핵심 포인트와 교훈들을 설교 주제로 삼는다. 애니메이션은 각 성품마다 준비되어 있는 성품동화 이야기(Story Telling)를 애니메이션으로 만든 것이다. 일상 속에서 나타나는 습관이나 태도 등을 소재로 성품 이야기를 다루는데 모든 세대에서 인기가 높다. 일곱째 주에는 아이들 각자가 지난 여섯 주 동안 해당 성품 실천하면서 있었던 뜻깊은 이야기들을 간증문으로 쓰게 하고, 마지막 주에는 각 부별 대표로 선정된 아이들이 자신이 작성한 간증문을 직접 발표하도록 한다. 이 부에 마지막에 수록된 아이들의 실제 간증문을 참고하기 바란다.

누군가는 교회에서 십자가 복음을 가르쳐야지, 설교 시간이며 성경 공부 시간에 성품훈련을 시킨다는 게 말이 되냐고 비판하기도 한다. 하지만 그것은 기우에 불과하다. 실제 우리 예배에 참석해서 설교를 들어본 적이 없기 때문에 그럴 것이다. 우리의 모든 설교는 각 성품과 예수님의 십자가를 연결하며, 하나님의 은혜와 복음 진리를 선포하고 구체적인 적용점을 제시하는 결론으로 마무리된다. 마땅하고 당연한 일이다. 우리는 예수님의 성품을 가르치고 훈련하는 것이기 때문이다.

| 8주간의 예다미 성품 설교 계획 (예다미 성품 '몰두'의 예) |

(핵심사항) • 성품동화 내용에서 설교 포인트 도출
• 주간 별 설교 프레임 설정
• 매주 선명한 적용점 제시

['몰두'정의 – 산만하지 않고 집중해요.] [성품동화 –'빨간 모자 따구리']

설교 프레임	주별 본문 말씀	1주 눅22:44	2주 막15:34	3주 사53:7	4주 요19:17	5주 막10:45	6주 눅24:49	7주 요19:30	8주 빌2:5
I 단계	성품 동화 중 설교 포인트	• 등장 인물 • 순서 • 정의	주요 대사 중심으로 설교 포인트 잡기							세 가지 유관 성품
I 단계	주제	하나님 사랑	하나님 사랑	하나님 사랑	하나님 사랑	이웃 사랑	이웃 사랑	이웃 사랑	하나님 사랑 / 이웃 사랑
I 단계	주제 내용	기도	예배	가난한 자	말씀	제자의 삶	영혼 사랑	전도	예다미
II 단계	성경 인물	–	출 34:28 모세 시내산 사십일 오직 하나님 집중	삼상 17:45 다윗 집중 여호와 이름 골리앗 전 승리	창 7:5 노아 방주 하나님 명령 집중	마 14:30, 31 베드로 말씀 집중 물위 걸음	행 4:24,31 성도들 집중기도 성령충만 능력으로 말씀전함	행 18:6 바울 유대인 대적 전도 집중	유관 성품 조화를 통한 진정한 예다미 모델 제시
III 단계	예수님 십자가 복음	눅 22:44	막 15:34	사 53:7	요 19:17	막 10:45	눅 24:49	요 19:30	
III 단계		예수님의 십자가 복음 중심								

| IV단계
(필요시 간단한 동영상 준비) | 구체적 적용점 | 기도 응답 받기까지 하나님께 집중 기도 | 예배 시간에 하나님만 바라보며 집중 몰두 | 열공을 위해 핸드폰과 게임을 하지 않기 | 참된 불꽃 목자가 되기 위해 집중 몰두 | 불꽃목자로서 선생님을 돕기 위해 집중 몰두 | 성령충만하고 어려운 친구를 돕기 위해 집중 | 우리반의 복음화를 위해서 집중 전도 |

| 주간별 설교 프레임 작성 ('몰두'의 2주차 예시) |

단계	단계별 설교 POINT 및 예문	비고
1단계	성품동화 내용 중, 한 포인트 선정 예)따구리는 집을 짓는 동안 절대로 옆을 쳐다 보지 않아?	설교 주제 선정
2단계	성경 말씀(인물) 예시 예)모세는 시내산에서 40일간 하나님께만 집중	성경 인물 예시
3단계	예수님 말씀(십자가 복음) 예)십자가에 달려서도 아버지께 몰두하심	예수님의 십자가 복음
4단계	구체적인 적용점 예)'몰두'를 실천하는 어린이는 예배 시간에 하나님께 집중해요.	구체적인 적용점

30가지의 성품의 조화

각 성품들은 개별적으로 다루어지는 것이 아니라, 연관된 성품 혹은 서로 보완 관계를 이루는 성품들끼리 세 가지씩 묶어서 교육한다. 그러니까 30개의 성품이 10개의 그룹으로 다시 분류되는 셈이다. 만약 이들 성품을 개별적으로만 다루게 된다면 문제가 생길 수가 있다.

예컨대 '온유'라는 성품만 집중적으로 강조하다 보면 자칫 연약한 아이들로 만들 위험이 있다. 또는 온통 '순종'만을 미덕으로 가르치다 보면 '예스맨'으로 자라기에 십상이다. 따라서 이들 성품을 훈련할 때는 '강함'이라는 성품을 함께 묶어서 다루어야 한다.

예수님께서 자신을 십자가에 못 박고 조롱하는 로마 병사들과 이스라엘 백성들을 위해 "저들의 죄를 용서해 주세요. 저들은 자신이 무엇을 하고 있는지 알지 못합니다."라고 기도하시는 모습에서 우리는 온유의 성품을 배운다. 또한 자기 목숨을 바치면서까지 아버지의 뜻을 따르는 모습에서 우리는 순종의 성품을 배운다. 나아가 아버지께서 맡기신 사명 때문에 십자가 형벌의 그 처참함을 잘 아시면서도 꿋꿋이 감당하시는 예수님의 성품 '강함' 앞에 우리 모두는 절로 엎드릴 수밖에 없다. 이와 같이 예수님의 이 세 가지 성품은 그의 십자가 위에서 적나라하게 드러나고 있다. 그러므로 예수님의 성품은 강함이 전제된 온유이며, 강함이 포함된 순종이다. 예수님의 십자가를 중심으로 해석하니 그 성품들이 서로 조화를 이루고 있다는 사실을 잘 알 수 있다. 이런 사실은 다음의 성경 본문이 선명하게 증거하고 있다.

"너희 안에 이 마음을 품으라 곧 그리스도 예수의 마음이니, 그는 근본 하나님의 본체시나 하나님과 동등됨을 취할 것으로 여기지 아니 하시고 오히려 자기를 비워 종의 형체를 가지사 사람들과 같이 되셨고 사람의 모양으로 나타나사 자기를 낮추시고 죽기까지 복종하셨으니 곧 십자가에 죽으심이라"(빌 2:5-8).

30가지의 성품을 한 성품당 8주씩 다루기에, 전체 과정을 마치는 데는 약 5년 정도의 시간이 소요된다. 끝나고 나면 처음부터 다시 시작하며 전체 과정이 반복된다. 전체 과정을 한 차례 이상 경험하고 나면 교사들도, 아이들도 대부분의 스토리를 알고 삶의 체험까지 겸비하니 서로 가르치고 훈련하는 데 더욱 용이하게 된다. 그렇지만 항상 새삼스러운 마음으로 임한다. 어차피 우리의 성품훈련은 예수님의 장성한 분량에 도달하기까지 평생 계속해야 할 훈련이기 때문이다.

| 예다미 30가지 성품별 세부 교육 내용 |

그룹	번호	성품	책 제목	정의
I	1	진실	누림이네 씨앗 가게	참되고 거짓이 없어요.
	2	정확	바로 그거요	시간과 말과 일에 정확해요.
	3	엄격	지금은 훈련 중	느슨하지 않고 철저해요.
II	4	근면	지금부터 할 거예요	게으르지 않고 부지런해요.
	5	관대	싸움 대장 뿔코가 나타났어요	크고 넓은 마음이에요.
	6	섬세함	덜렁대는 게 탈이야	모든 일에 소홀히 하지 않고 꼼꼼해요.
III	7	견고함	쪼르네 이야기 들어 보셨나요?	마음과 뜻이 쉽게 흔들리지 않아요.
	8	오래참음	똘이 씨의 겨울	조급해 하지 않고 기다릴 수 있어요.
	9	깊이있음	난 덜꿩 나무야	깊고 진지하게 생각하고 행동해요.
IV	10	순수	아빠 구두 닦는 행복을 아세요?	섞인 것이 없이 동기가 깨끗해요.
	11	올바름	칭찬 받게 해 주세요	치우치지 않고 공정해요.
	12	침착	제 동생을 살려 주세요	성급하거나 당황하지 않고 신중해요.
V	13	몰두	빨간 모자 따구리	산만하지 않고 집중해요.
	14	공적임	뻐꾹나리 피는 날	이기적이지 않고 서로를 위해요.
	15	열려있음	꼬미와 토담이	도움을 주고 도움을 받을 수 있는 열린 마음이에요.

	16	다정함	내 짝 성은이	친근하고 사랑스러워요.
VI	17	열렬함	고슴이와 도치	마음과 힘을 다해 남을 돕는 것이에요.
	18	가까이함	목동이 된 임금님	자신을 낮추어 누구하고도 어울려요.
	19	강함	꽁지 빠진 알록이	올바른 뜻을 위해 용기 있게 말하고 행동해요.
VII	20	온유	내 이름은 온유	자신을 위해 다투지 않는 부드러운 마음이에요.
	21	순종	꺼병이의 눈물	보호자의 말을 진심으로 따라요.
	22	고통을 참음	애벌레의 기도	목표를 위해 힘든 일을 참아 내요.
VIII	23	겸손	못난이와 불퉁이	잘난 체하지 않고 자신을 낮추어요.
	24	베풂	툭눈이의 고둥집	자신의 것을 남에게 기꺼이 나누어 주어요.
	25	꾸준함	호두 두 알	끈기 있게 오랫동안 계속해요.
IX	26	어려움을 견딤	황제 펭귄 루이	어렵고 힘들어도 피하지 않고 견뎌내요.
	27	압박을 견딤	바위와 참나리 구슬눈	좋은 결실을 얻기 위해 모든 어려움을 이겨내요.
	28	분명	보물 지도	모든 일을 명확하게 깨닫는 것이에요.
X	29	후함	당근을 훔친 두더지	야박하지 않고 너그럽고 관대해요.
	30	무게 있음	무엇을 담고 있나요?	가볍지 않고 장중해요.

* 성품 교재 출처 – (주)싹난지팡이

분반 공부와 반목장 활동

오전 예배에서의 설교 내용은 오후 2시 주일학교 모임 시간에 다시 한번 확인하고, 재학습을 통해 아이들 마음에 더욱 선명하게 정착시킨다. 이어 분반 공부 시간에는 워크 시트를 활용해 각자에게 구체적으로 실천할 과제들을 제시한다.

| 분반 공부시간 WORK SHEET 개요 (매주 오후 2시 45분~3시 10분) |

주별	내용	설명
1주	성품동화 많이 읽기	처음 접한 첫 시간인 만큼 '성품동화'에 더욱 익숙해지기 위해 성품동화책을 많이 읽는 시간을 갖는다.
2주	마인드맵	마인드맵과 '성품동화' 내용 파악 문제 풀이를 하고 실천 항목에 대해 생각해 본다.
3주	20자 명언 만들기	'성품동화' 내용 파악 문제 풀이 및 20자 명언 만들기와 실천 목록에 대한 반성 및 수정 계획을 세운다.
4주	성품 실천 중간 점검	성품을 잘 실천하고 있는지 간략한 간증문 작성을 통해 중간 점검을 한다.
5주	성품 실천 집중 점검	실천 항목을 더 많이 늘려 생각해 보고, 더욱 실질적인 현 생활에서의 실천을 강조한다.
6주	성품 실천 집중 점검	해당 성품을 배우기 전후를 비교하여, 실질적 간증이 있도록 독려한다. (가정, 학교, 집)
7주	발표 간증문 쓰기	각자가 성품 실천한 결과와 느낀 점에 대해서 간증문을 작성한다.
8주	해당 성품 마무리	오늘 발표를 잘 듣고 나의 느낀 점과 결심을 적는다.

| 미취학 아동용 분반공부 자료 |

주별	내용	설명
1주	성품동화 내용 익히기	처음 접한 첫 시간인 만큼 '성품동화'에 더욱 익숙해지기 위해 성품동화책을 여러 번 읽어주고 대화한다.
2주	성품동화 색칠하기	'성품동화'에 나오는 이미지컷을 준비하여 색칠하고, 선생님의 질문에 대답하면서 자연스럽게 동화가 익숙해지도록 교훈을 받게 한다.
3주	성품동화 캐릭터 만들기	고무 찰흙으로 성품동화에 나오는 캐릭터를 만들며, 다시 한 번 성품동화의 내용을 되새기고, 실천을 다짐하게 한다.

4주	성품동화 숨은그림 찾기	아이들이 좋아하는 숨은그림찾기를 통해 계속적으로 동화에 접촉되게 하면서 실천 항목들을 찾아본다.
5주	성품동화 모자이크	'성품동화'에 나오는 이미지컷을 준비하여 색종이 모자이크를 하면서 아이들이 예수님의 성품을 실천할 수 있도록 지도한다.
6주	성품동화 틀린그림 찾기	아이들이 좋아하는 틀린그림찾기를 통해 동화를 계속 접촉하게 하고, 선생님은 아이가 예수님의 성품을 실천할 수 있도록 질문을 하고 체크해 준다.
7주	간증문 그림으로 표현하기	예수님의 성품을 실천한 아이들은 그림으로 표현하도록 한다.
8주	해당 성품 마무리	오늘 발표를 잘 듣고 나의 느낀점과 결심을 이야기 한다.

 이렇게 해서 자신이 배운 말씀과 실천 과제를 가지고 일주일 동안 자신들의 삶 속에서 실천하게 한다. 그 실천 상황들을 토요일 반목장 모임에서 발표한다. 반목장은 자신의 성품 훈련 수준을 점검하고 확인하는 동시에, 다른 친구들의 발표를 들으며 진정한 예다미가 되기 위해 도전을 받는 자리가 되도록 한다.

 또한, 셀 그룹의 '열린 모임'처럼, 반목장이 새 친구를 맞이하는 통로 역할도 맡기 때문에, 이 자리에 처음 참석한 친구들 앞에서 아이들이 나누는 성품 훈련 발표는 훌륭한 전도의 도구가 된다. '나도 저 아이처럼 살고 싶다.'라는 부러움과 감동을 자아내기 때문이다.

| 반목장 진행 방법 |

시간	매주 토요일 오후, 반별 재량으로 시행
반목장 모임 원칙	각 지역별 걸어서 모일 수 있는 모임 가정별 순회 (불신 가정 포함) 학부모 동참
반목장으로 하나되기	반목장 '애칭' 정하기 반목장 '구호' 정하기 반목장 '노래' 정하기
모임 진행 순서('HOME')	H Hello : 서로 인사/ 새친구 소개 O Open : 반가/ 마음 열기 찬송 등 M Move : 주제 복습/ 간증 나눔/ 정리 E Encourage : 격려와 다짐/ 기도 제목 나눈 후 기도

| 반목장의 필요성과 효과 |

- 필요성
  - 한 주간 동안의 예다미 실천과 나눔이 필요하다.
  - 학부모와 예다미 사역 나눔의 시간이 필요하다.
  - 학부모 전도 기회가 필요하다.
  - 어린이와 친밀한 교제를 위해 함께하는 시간이 필요하다.
  - 새친구 전도의 기회가 있어야 한다.(열린 모임 성격)

- 효과
  - 주간 동안 예다미 실천 상황 점검할 수 있다.
  - 반 학생들과 친밀한 교제를 가질 수 있다.
  - 학부모에게 감동을 주고, 전도의 기회가 생긴다.
  - 새친구 전도의 다리 역할을 한다.

한 걸음 더 나아가, 성품 훈련 정도를 알아보기 위해 주기별로 예다미 테스트를 통하여 각 학생들의 성품 유형이 어떠한지를 분석한다. 예를 들어 '겸손함'은 어느 정도 수준에 올라있는지, '꾸준함'에는 어떤 변동이 있는지 등으로 30가지 성품 항목을 일일이 검사하여 거미줄모양의 크라이모그래프를 만든다. 교사들은 이 차트를 통해 각 학생의 강점이 어디에 있는지를 파악하고, 집중적으로 관리해 주어야 할 성품들이 어떤 것인지도 알아낼 수 있다. 그리하여 각 학생의 특성에 맞는 지도 방법을 찾아서 적용하는 것이다. 물론 이에 필요한 교육 기법 등에 관한 자료들도 각 교사들에게 제공한다.

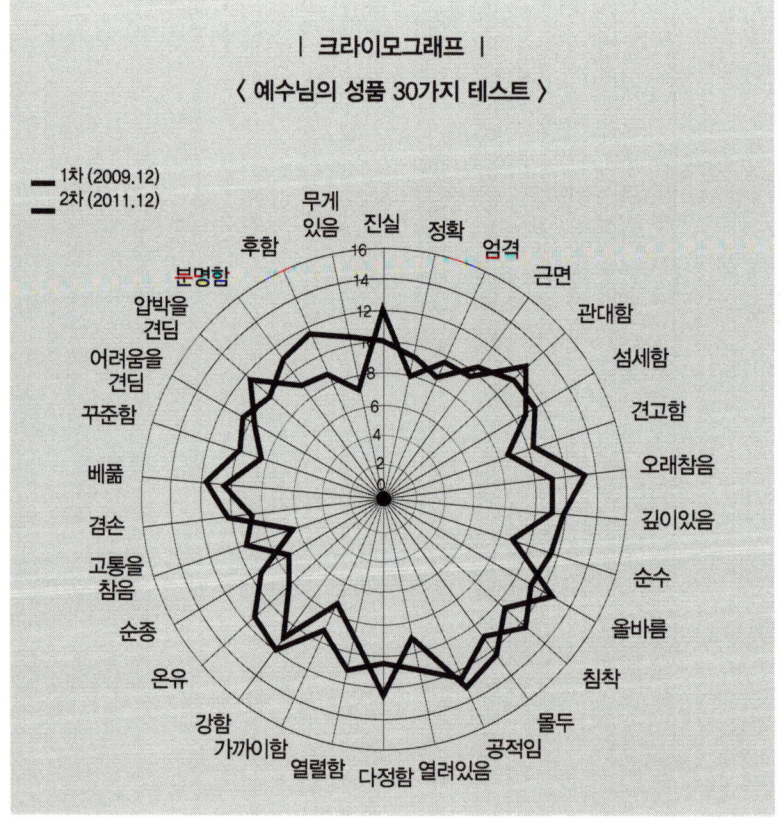

| 크라이모그래프 분석 (예: 김○○ 어린이) |

구분		해당 성품	교사 소견	부모 소견	주요 지도 방향
성품 현상	좋은 성품	가까이함	친구들이랑 잘 어울리고 잘 챙김.	동의함.	개인별 주요 관리 성품 도출
		올바름	보조 교사로서 공정한 모습으로 책임을 다함.	엄마에게도 바른 소리를 자주함	
	문제 성품	고통을 참음	외동딸의 특성으로 인내심이 부족하다고 판단됨.	홀로된 엄마 밑에서 성장한 관계로 내성적이고 소극적이라 여겨짐.	
		열렬함	삶에 대한 열정이 부족한 편임.	동의함.	
기간 변화	향상 된 성품	겸손함	꾸준한 성품훈련과 교사의 관심의 결과로 판단됨.	겸손한 사람이 되라고 늘 교육하고 있음.	매주 실천 상황을 보며 지도함
		무게 있음	성품훈련과 함께 성숙되어 가고 있다고 판단됨.	동의함.	
	저하 된 성품	정확함	자신의 말과 행동이 부정확할 때가 많음.		
		견고함	경제적으로 어려운 환경으로 인해 자존감이 낮아져서 그런 것이 아닐까 생각함.	동의함.	

이런 과정을 통하여 우리 아이들은 점점 균형 잡힌 성품의 예다미로 성숙해질 수 있다. 부모들도 신앙과 상관없이 대체로 이런 성품훈련 체제에 만족하며, 주일학교 교육에 높은 신뢰와 지지를 보내준다. 드러내 놓고 "나는 예수를 믿지 않지만 우리 아이를 거창중앙교회에 보내는 이유는 성품훈련 때문이다."라고 말하는 부모들이 적지 않다.

동기부여를 위한 시상 제도

성품훈련 실천에 좀 더 관심 있게 참여할 수 있도록 시상 제도를 운용한다. 예를 들어, 각자 예배 태도라던가, 과제 수행 결과, 모범적인 행동 등을 두루 파악하여 부서 단위로 점수를 준다. 투명한 아크릴 상자를 제작해 누구나 볼 수 있게 하고, 각 부서별로 색깔이 다른 공을 쌓아가도록 한다. 이 아크릴 통이 다 차면 부서별 공의 수를 계수하고 시상한다. 이것이 아이들로 하여금 서로 독려하며 더욱 성품훈련에 열중할 수 있도록 동기를 부여하는 촉진제 역할을 톡톡히 한다.

하지만 아이들이 성취감을 맛보고 이를 통해 더 높은 목표에 도전하도록 하는 것은 어디까지나 부분적인 전략에 불과하다. 결국에는 이 모든 성취들 또한 하나님의 은혜인 것을 깨닫고 감사하는 마음을 품게 해야 한다. 그래서 성품훈련은 동시에 감사 교육이기도 하다.

우리의 자녀들이 부모들보다 더 나은 세대가 되기를 기대하는가? 이 아이들이 앞으로 살아갈 세상이 더 성숙하고 바른 사회가 되기를 소망하는가? 동성애, 이단, 이슬람 등의 세력들이 우는 사자처럼 달려드는 세상에서 아이들이 신실한 예수님의 사람들로 살아가기를 간절히 바라는가? 그렇게 되기를 원한다면 성품훈련에 투자하라. 우리의 아이들을 진짜 예수님을 닮은 '예다미'로 키우자.

7

'참된 예배자' 기둥
– 예배의 참된 의미를 깨닫는 아이들

하나님의 백성은 하나님 앞에서 참된 예배자가 되어야 한다. 참된 예배자가 되는 것은 어린아이 때부터 바르게 훈련시켜야 한다. 언제 어디서나 하나님을 의식하며 코람데오(Coram Deo)의 삶을 살도록 마음 깊이 각인시켜야 한다. 그래야 성인이 되어서도 자연스럽게 참된 예배자의 삶을 살 수 있게 될 것이다. 어릴 때 교육이 평생 간다는 것을 잊지 말아야 한다. 예배당 예배뿐만 아니라 삶에서도 참된 예배자가 되도록 만들어 가야 한다. 하나님과 동행하는 삶과, 예수님의 성품대로 행동하는 삶을 살 수 있도록 강조하고, 계속 점검해야 한다.

모든 예배에 참석하는 아이들

주일학교 교육의 궁극적인 포인트는 아이들을 훌륭한 신앙인, 성실한 예배자로 만드는 데 있다. 앞에서 말했던 예다미 성품훈련도 외면적 목표달성에 만족해하는 것이 아니라, 이를 반드시 예수님의 십자가 복음과 그리스도인들의 선교 사명에 연관 지어 아이들에게 최종적인 학습의 결론을 제시하는 것은 이 때문이다. 그래서 유년주일학교의 부흥을 위한 일곱 번째 기둥은 모든 아이들이 참된 예배자로 하나님 앞에 나아가게 하는 것이다.

우리 교회의 특징 중 하나는 거의 모든 공 예배 시간에 아이들이 참여하고 있다는 점이다. 유년주일학교 예배 시간 외에도 부모나 교사들과 함께 예배하는 아이들의 모습을 새벽 예배, 주일 낮 예배, 저녁 예배, 교사 기도회 등 언제나 볼 수 있다. 아이들은 단지 많은 예배에 참여하는 것만이 아니다. 가장 앞자리에 앉아, 누구보다도 열심히 예배드린다. 어려서 참된 예배자로 자란 아이들은 장성해서도 예배의 자리를 떠나지 않으리라 확신한다.

모든 성품을 동원하여 오로지 예배에 집중하기

다시 한 번 말하지만 성품훈련의 초점은 아이들을 참된 예배자로 만드는 데 있다. 하나님 앞에 합당한 예배가 이루어지도록 아이들을 훈련시킨다. 예배의 참된 의미를 깨닫고, 자신의 모든 성품을 동원해 오로지 예배에만 집중할 수 있도록 가르친다. 나아가 자신의 몸을 하나님께 산제사로 드리는 영적 예배에까지 이를 수 있도록 아이들에게 사명감을 부여한다.

예배당에 모여서는 신령과 진정으로 하나님 앞에 나아가는 예배를, 각자의 가정과 학교로 흩어져서는 자신의 삶으로 실천하며 드리는 예배를 성공적으로 수행하는 어린이들로 키우는 데 성품훈련이 동원되는 것이다. 이처럼 참된 예배자들을 양육하는 일은 다음세대 사역에서 빠질 수 없는 일이다.

앞으로도 우리 교회는 이 일곱 기둥을 중심으로 젖먹이들이 어른으로 성장하기까지 영혼 사역에 가슴이 불타오르는 불꽃목자, 예수님의 형상을 마음에 새기는 예다미들을 계속해서 배출해 내려고 한다. 생육하고 번성하여 이 땅에 충만하고, 이 땅을 정복하고, 이 땅을 다스리는 하나님의 사람들, 바로 우리 아이들이 그 주인공들이 될 것이다.

> 어린이들이 들려주는

왁자지껄 거창중앙교회의 생생한 이야기

● 예수님처럼 저도 '순수'한 마음으로 심부름을 할 거예요 ●

예전에 사모님께서 저에게 심부름을 자주 시키셨어요. 그때는 제가 예수님의 성품인 '순수'를 배우기 전이었기 때문에 대가를 바라고 심부름을 했습니다. '심부름을 하면 맛있는 것이나, 용돈을 주시겠지…' 하는 생각을 하면서 말이죠.

성품훈련을 받으면서 예수님은 순수한 마음으로 대가를 바라지 않고 나의 죄를 대신해서 십자가에 못 박혀 죽으셨다는 것을 알게 되었어요. 그런데 저는 대가를 바라면서 심부름을 했어요. 만일 그때 예수님의 성품인 '순수'를 배웠더라면 대가를 바라지 않고 십자가에서 죽으신 예수님처럼 저도 순수한 마음으로 심부름을 했을 것입니다.

이렇게 예수님 성품을 배우고 실천하는 것이 얼마나 중요한 것인지 깊이 느끼게 되었습니다. 저는 앞으로도 예수님의 성품인 '순수'를 실천하며 살기로 결심했습니다.

이화평 어린이 / 거창중앙교회 주일학교

● '배품'은 자신의 것을 남에게 기꺼이 주는 거예요 ●

　예수님의 성품인 '베품'을 배우고 난 뒤, 최근에 이런 일이 있었습니다. 학교 수학 시간에 친구 수연이가 모르는 문제가 있어, 저에게 물으러 왔습니다. 그때 예수님의 성품 '베품'이 생각났습니다. 그래서 최선을 다해 제가 아는 것을 가르쳐 주었습니다. '베품'은 자신의 것을 남에게 기꺼이 나눠주는 것이니까요.

　만일 그때 예수님의 성품을 배우지 않았더라면, 귀찮아서 대충 가르쳐 주거나, 아예 가르쳐 주지 않았을 것입니다. 이런 생각을 하니 참 부끄럽습니다.

　저는 또 가족에게도 '베품'을 실천하고 싶었습니다. 그래서 제 용돈으로 닭강정을 사서 가족들과 맛있게 먹으며 즐거운 시간을 보냈습니다. 이렇게 '베품'을 실천하니 기분이 좋았습니다.

　예수님은 나를 위해 십자가에 못 박혀 죽으심으로 최고의 '베품'을 보여주셨는데, 이에 비하면 저의 '베품'은 아직도 많이 부족합니다. 앞으로 더 많이 가족과 친구들에게 '베품'을 실천하고 싶습니다.

박희원 어린이 / 거창중앙교회 주일학교

● 예수님의 성품, '깊이 있음' 실천하며 연습에 최선을 다했어요 ●

거창 '크리스마스트리 문화 축제' 때의 일입니다. 공연 연습을 해야 한다는 이야기를 들었을 때, 웬일인지 제 마음속에서 귀찮은 마음 없이 연습을 하러 가고 싶다는 마음이 생겨 스스로 연습을 하러 갔습니다. 그런데 율동을 반복해서 연습하는 것이 생각보다 어려웠습니다. 그리고 학교에서 교회까지 걸어가는 것도 너무 힘들었습니다.

하지만 우리를 위해 이 땅에 오신 예수님의 사랑에 대해 깊이 있게 생각하면서 이왕 연습을 시작했으니 힘들어도 최선을 다하자는 마음으로 끝까지 연습에 참여했습니다. 그 결과 공연 당일에도 무대에서 잘 할 수 있었습니다. 예수님의 성품인 '깊이 있음'을 실천하지 않았더라면 연습을 해도 대충하고 끝까지 마칠 수도 없었을 것입니다.

예수님의 성품을 배우고 실천하는 것이 정말 중요하다는 것을 알게 되었습니다. 저는 앞으로도 예수님의 성품인 '깊이 있음'을 더욱 실천하여 '깊이 있는' 불꽃목자가 되도록 애쓰겠습니다.

박혜민 어린이 / 거창중앙교회 주일학교

● '오래 참음'을 잘 실천하는 어린이가 될 거예요 ●

　2주 전에 뛰어놀다가 넘어져서 엄지발가락이 부러져서 수술을 하게 되었습니다. 병원에서 간호사 선생님이 주사기로 제 팔에서 피를 뽑는데 잘 나오지 않아 7번이나 찔렀습니다. 너무 무섭고 아파서 울며 소리를 지르고, 팔을 펴지 않으려 했습니다.

　그런데 예수님은 손과 발에 못 박히시고, 가시 면류관도 쓰시며 피를 흘리셨는데 저는 주사 하나 못 맞는다는 게 너무 부끄러웠습니다. 간호사 선생님은 다시 피를 뽑기 위해 주삿바늘을 찌르며 제 팔을 꾹꾹 눌렀지만, 저는 예수님의 성품인 '오래 참음'을 배웠던 것을 생각하며 피가 나올 때까지 끝까지 참고 견뎌보겠다고 다짐했습니다.

　그 후로도 수술할 때도, 검사할 때도 여러 번 피를 뽑았지만 참을 수 있었습니다. 예수님의 성품인 '오래 참음'을 배우지 않았다면 수술도, 검사도 제대로 하지 못했을 것입니다. 저는 앞으로도 어려운 상황에서도 오래 참으며 기다릴 줄 아는 어린이가 되고 싶습니다.

이예랑 어린이 / 거창중앙교회 주일학교

PART 4

사역의 원동력, 하나님의 지혜

"일곱 기둥을 성공적으로 움직이게 하는 성경적 노하우"

성령의 능력이 하늘로부터 임하지 아니하였다면
초대교회의 역사도, 우리나라를 비롯한 세계 곳곳에서 일어난
사도행전적 역사도 불가능하였을 것이다.
이런 역동적인 사건들은 결코 사람의 지혜나 경륜으로 만들어진 것이 아니다.
원동력은 하나님께로부터 나오는 것이다.
하나님으로부터 답을 얻고 시작한 사역에는 넘치는 힘이 있다.

children
교회의 미래,
어린이 안에 다 있다

1
눈물로 시작하고
감동으로 섬기라

2016년도 거창군의 초등학교별 복음화 비율을 잠시 소개하고자 한다. 먼저 B초등학교부터 말하자면 1학년 2반은 50%, 3학년 3반은 42%, 4학년 1반은 88%, 4학년 4반은 55%, 5학년 1반은 100%, 5학년 4반은 58%이다.

다른 학교들도 살펴보자. A초등학교 3학년 2반은 65%, C초등학교 6학년 2반은 81%, D초등학교 전체는 무려 90%, 그리고 E초등학교는 전체 100%에 이른다.

유년주일학교 사역에 집중한 지 15년 만에 거창의 어린이들 중에 거의 절반이 예수를 믿게 된 것이다.

물론 이것으로 끝이 아니다. 지금까지 우리를 통해 위대한 일을 이루신 하나님께서 앞으로 얼마나 더 큰 일을 이루실지 참으로 궁금하고 기대된다.

하나님을 의지할 수밖에 없는 상황

하지만 처음부터 모두가 쉽게 풀린 것은 아니었다. 아이들이라고 그물을 던져 잡는 물고기처럼 무조건 이끄는 대로 끌려오지는 않기 때문이다. 교회에 다니는 아이들조차 성품훈련을 오래 받아도 자신들의 모난 성품을 온전히 바꾸기란 정말 힘이 든다. 하물며 아직 복음을 듣지 못하고, 하나님을 알지 못하는 아이들이야 오죽하겠는가.

우리 교회에서 본격적으로 어린이 전도를 시작했을 때 겪은 일이다. 그때만 해도 전략이라는 게 제대로 갖추어지지 않았던 때다. 그저 일반적인 방법으로 이른바 '시스템 전도'를 했다.

초등학교 앞에서 떡볶이를 만들어 종이컵에 퍼 주며 아이들에게 일일이 "너 교회에 다니니?" 하고 물었다. "예!"라고 대답하면 "이쪽으로 가라."라고 말하고, "아니요"라고 대답하면 저쪽으로 가라고 하며 전도하는 방식이었다. 한참 그렇게 하고 있는데 한 아이가 맹랑하게도 질문을 받자 자신이 받은 떡볶이 컵을 딱 내려놓으면서 "이거 먹고 예수 믿으란 말이에요? 그럼 난 안 먹고 안 믿을래요." 라며 그냥 가 버리는 것이다.

지금이야 상상도 할 수 없는 일이지만 그때 분위기는 그랬다. 아이들이 교회를 바라보는 태도도 그랬고, 우리 또한 아이들을 어떻게 상대해야 하는지 미처 감을 잡지 못한 상태였다. 우리에게는 전략이 필요했다. 그리고 우리는 하나님께로부터 그 전략에 대한 해답을 얻었다.

우리는 모든 사역을 전적으로 하나님께 의지하고 하나님을 신뢰하는 가운데 해 나갈 수밖에 없다. 그럼에도 우리의 역량으로 감당해야 할 일들을 효과적으로, 능률적으로 수행하기 위해서는 반드시 전략이 있어야 한다. 일이 잘 되게 하려면 자원들을 어떻게 배치하고, 어떤 방식으로 작업을 시행해야 하는지 고민하지 않을 수 없다는 것이다.

그저 우리는 순종했을 뿐이다

사실 우리 교회를 탐방하는 분들이 가장 궁금해하는 점도 거창중앙교회 주일학교에는 어떤 전략이 있느냐 하는 것이다.

한번은 수원의 어느 교회 장로님이 주일학교 운영을 배우겠다고 찾아왔는데, 대기업 출신 사장이라는 그분이 여기저기 따라다니며 "목사님, 이것도 전략인가요? 아! 저것도 전략적으로 하는 것이군요."라고 계속 묻는 통에 당혹스러웠던 적이 있다. 하지만 그 전략조차도 우리 스스로의 힘으로 만들어 낸 것이 아니라는 점을 먼저 밝힌다. 우리는 단지 열심히 기도했고, 하나님께서 주시는 지혜대로 순종했을 뿐이다. 그 결과가 고스란히 전략으로 나타난 것이다.

생각해 보면 하나님보다 위대한 전략가는 없지 않은가? 이스라엘 백성이 가나안 정복 전쟁을 벌이던 시기를 생각해 보자. 애굽을 탈출하고 나서 오랜 광야 생활 속에 지친 백성들이 자신의 힘이나 의지만으로는 수백 년간 가나안 땅을 통치해 온 그 강한 일곱 족속들을 이겨낼 수는 없었을 것이다. 그래서 하나님은 손수 전략 사령관 역할을 하셨다.

사명을 다한 모세를 이어 용맹한 여호수아를 새로운 지도자로 세우시고, 출애굽 당시 홍해를 가르셨던 것처럼 요단강물을 멈추게 하셨다. 여리고를 정복할 때는 성 밖을 행진하게 하셨고 이적을 통해 살아계신 하나님의 권능을 보이셨다. 12지파 각각에게 진용과 역할을 배분해서 맡기셨고, 때로는 백성들에게 인내와 겸손으로 그분의 뜻을 따르는 법을 배우게도 하셨다. 그 결과 가나안 정복이라는 위업을 달성하게 된 것 아닌가.

오늘날이라고 다를 것이 있을까. 우리도 변함없이 하나님께 나아가 여쭙고 답을 얻어야 한다. 하나님은 우리가 어떤 존재인지, 어떤 능력을 가졌는지, 지금 우리에게 가장 필요한 것이 무엇인지를 가장 잘 아시는 분이다. 하나님의 가르침에 귀 기울이며 순종할 준비가 되어 있다면 주님은 최고의 전략을 우리에게 제시해 주실 것이다.

"울면 됩니다!"

하나님께서 거창중앙교회에 보여주신 첫 번째 핵심 전략은 '눈물'이었다. 실제 전도 사역에 뛰어든 경험이 있는 분들은 잘 알겠지만 전도는 '방법'이 아니고 '눈물'이다. 전도하러 가서 집 초인종을 누른 후 주인이 문을 열어주면, 일단 문틈에 발부터 들이밀라는 식의 방법들은 결코 진정한 전략이 될 수 없다는 것이다. 우리에게는 먼저 죽어가는 영혼들을 위한 눈물이 필요하다. 어린이들을 전도할 때도 마찬가지다.

어린아이 하나를 영접하는 것이 곧 예수님을 영접하는 것이라 말씀하셨는데, 바로 내 눈앞에 주님께서 그토록 소중히 여기시는 한 아이가 있다. 영원한 생명과 구원의 기쁨을 누려야 할 그 어린 영혼은 지금 죽음의 길로 달려가는 중이다. 자신의 처지를 알지 못하는 아이는 누군가 전하지 않으면, 손 내밀지 않으면 지금 가는 그 길을 멈추지 않을 것이다.

이 사실 앞에서 어찌 우리 마음속에 지극한 안타까움, 깊은 슬픔이 생겨나지 않겠는가. 당장이라도 그 소중한 어린 생명들을 구해야 하겠다는 가슴속의 불길이 일어나야 마땅하다. 그래서 전도는 눈물인 것이다. 눈물로 시작해야 마침내 열매 맺을 수 있는 것이다.

앞서 여러 차례 이야기한 대로 우리의 사역은 눈물로 시작됐다. 매일 새벽, 매일 밤. 갈 바를 모르는 영혼들을 위해 주의 제단 위에 숱한 눈물방울을 떨구었다. 그 애타는 심정으로 아이들을 만났더니, 진심이 통했다. 그 결과는 앞서 말씀드린 바와 같다. 지금이라도 누군가가 우리 교회에 탐방을 와서 주일학교 전략이나 전도의 비결을 물어보면 나는 서슴없이 이렇게 대답할 것이다. "울면 됩니다!"

어린 영혼에게도 전해지는 감동

하나님이 우리 교회에 가르쳐 주신 또 하나의 핵심 전략은 '감동'이었다. 어느 탐방객이 우리 주일학교 아이 하나를 붙잡고 물었다. "이름이 뭐지?", "신수아예요.", "그래, 수아는 교회에 왜 다녀?", "예배하는 게 재미있어서요.", "뭐? 예배가 재미있다고? 수아 몇 살이지?", "여덟 살이요."

여덟 살 수아의 지체 없는 대답에 탐방객들은 깜짝 놀랐다고 했다. 하지만 수아만 그런 게 아니다. 한 번 거창중앙교회 주일학교에 발을 들인 아이들은 빠져나가지 못한다. 이번 주에 왔으니, 다음 주에 또 오고, 달이 바뀌며 해가 바뀌어도 계속 나온다.

이것은 감동이 있기 때문이다. 때로 그 감동은 누군가에게 수아처럼 재미로 다가올 것이고, 누군가에게는 어떤 뭉클함이나 희망으로 다가오기도 할 것이다. 그 감동을 일으키는 것은 예수 안에 있는 생명이며, 다음으로 교사들의 헌신이다. 자신의 가슴을 먼저 감동시킨 그리스도의 참 생명을 고스란히 아이들의 가슴에 옮겨놓는다. 예수 믿는 재미, 예수 믿는 기쁨, 예수 믿는 은혜를 그렇게 서로 나눈다.

전략이란 다른 게 아니다. 감동이 있는 교사들을 세우면 된다. 그 감동은 틀림없이 아이들의 것으로 이어진다. 기꺼이 아이들을 위해 눈물을 흘리고, 우리 속에 있는 감동을 아이들에게 전하자. 소중한 어린 영혼이 그 눈물과 감동으로 변화될 것이며, 그 아이를 통해 가족과 친구들이 변화될 것이다. 어쩌면 그 눈물과 감동은 학교 전체를 살리는 씨앗이 될 수도 있고, 믿음의 가문을 일으키는 토대가 될지도 모른다.

2

마음을 합하고
각자 가진 은사로 헌신하라

교회가 부흥하기 위해서는 어느 한 사람의 힘이 아닌, 모두의 힘이 중요하다. 그러기 위해서는 먼저 누군가가 사람들의 마음속에 뛰어들어 부흥의 불을 붙여야 한다. 정체된 분위기를 바꾸고 사람들 속에서 하나 됨과 헌신, 그리고 열정이 폭발하도록 도화선 역할을 해야 하는 것이다. 목회자로서 교회를 위해 그리해야 했다. 또한 수많은 성도들이 교회를 위해 함께 몸을 던졌다.

온 교회가 성령 충만함을 경험하라

고린도교회는 수많은 문제를 가진 교회였다. 지도자의 가르침을 따르지 않는 교만함이 나타났고, 음행하는 자들과 우상 숭배하는 자들을 방조하여 교회의 순결을 훼손하였으며, 성도들끼리의 문제를 가지고 세상 법정에 나가 다투었다. 거룩한 성찬식의 자리에서조차 다른 사람의 마음에 상처를 주는 행동들이 반복되기도 했다.

가장 큰 문제 중의 하나는 교우들 간에 서로 분파를 이루어 대립하는 것이었다. 바울, 아볼로, 베드로, 그리스도에게 속하였다는 사람들이 각자 세력을 이루어 볼썽사납게 경쟁하는 모습은 고린도교회를 세운 사도 바울에게 가장 큰 근심거리였다. 그래서 바울은 고린도교회에 보내는 편지의 첫머리에서부터 교훈에 나선다.

"형제들아 우리 주 예수 그리스도의 이름으로 너희를 권하노니…" 고린도전서 1장 10절의 말씀은 이렇게 시작된다. '예수 그리스도의 이름으로 권한다'는 구절은 성경의 저자들이 아무 때나 쉽게 쓰지 않고, 결정적인 대목에서 주로 사용하는 표현이다. 주님의 권위가 그 안에 담겨있기 때문에 성도들 또한 이 말씀을 무겁게 받아들였을 것이다. 사도 바울이 이어지는 말씀을 얼마나 강조하고 싶어 하는지 이를 통해 짐작할 수 있다. 권면은 이렇게 이어진다.

"…모두가 같은 말을 하고, 너희 가운데 분쟁이 없이, 같은 마음과 같은 뜻으로 온전히 합하라"(고전 1:10).

바울이 고린도교회에 전한 주님의 뜻은 명확하다. 교회가 하나 되어야 한다는 것이다. 한 교회, 한 공동체가 되지 못하기 때문에 수많은 문제들이 파생한다. 그것은 고린도교회뿐 아니라 지상의 모든 교회들이 마찬가지로 겪는 일이다. 분쟁하는 교회, 분쟁하는 가정, 분쟁하는 학교. 어디든 온전하게 제 기능을 할 수 없다. 결국 하나 됨을 이루는 것이 최우선의 해결책이다. 바울은 고린도전서 전체에서 이 하나 됨의 메시지를 강조하며, 유명한 고린도전서 12장에서는 몸의 지체들을 비유로 한 은사론을, 이어지는 13장에서는 사랑에 관한 진리를 설파하기도 한다.

그런데 이 말씀을 따르고자 해도 한 가지 의문이 남는다. 과연 무엇으로 하나 될 수 있다는 말인가? 여기에는 오직 한 가지 답이 있다. 바로 하나님께서 주신 말씀이다. 그 말씀이 선포하는 대로 교회의 방향과 목표를 정하고, 온 교회가 성령 충만함으로 하나 되어 나아가는 것이다. 그리하면 우리 마음속에 같은 불이 타오를 것이고, 서로 같은 마음과 같은 생각이 될 것이니 교회는 온전히 합하여 나아가게 되리라.

말씀으로 하나 됨과 헌신을 이루다

우리 교회에도 고린도교회와 비슷한 위기가 있었다. 이를 극복하고 하나 됨을 성취할 수 있었던 것은 역시 말씀이었다. 여러 차례 이야기한 바와 같이 마태복음 18장 5절의 말씀은 모든 교우들을 똑같은 마음으로 묶어 주었다.

"또 누구든지 내 이름으로 이런 어린 아이 하나를 영접하면 곧 나를 영접함이니"(마 18:5).

이 말씀을 어른 아이 할 것 없이 온 교회가 헤아릴 수 없을 만큼 반복해서 묵상하고, 가르치고, 암송했다. 글자 하나하나에 담긴 의미까지 거듭하여 풀이하고, 상고하면서 모든 성도들의 뇌리에 새기고 또 새겼다. 개인적으로는 이 한 구절을 가지고 어느 집회에서든 두 시간 여를 설교할 수 있을 만큼 말씀 속에서 풍성한 은혜들을 누리게 되었다.

더불어 이 말씀은 단순히 우리를 한 마음으로 뭉치게 한 것만이 아니라, 모두가 함께 열정을 품고 헌신하는 구심점이 되었다. 우리는 이 말씀을 통해서 다음세대를 향한 하나님의 불타는 심정을 알게 되었고, 그 생명의 소중함을 깨달았다. 그리고 주님이 가르쳐 주시고 몸소 행해 보이셨던 것처럼 어린아이들을 사랑으로 섬기기 위해 기꺼이 우리 삶을 드리기로 작정했다.

가르치는 은사를 가진 이들은 가르치는 것으로, 요리하는 재능을 가진 이들은 아이들을 위해 음식을 만드는 것으로, 차량을 가진 이들은 아이들을 수송하며 봉사하는 것으로, 재물의 달란트를 받은 이들은 주일학교 재정을 후원하는 것으로, 기도할 힘이 있는 이들은 아이들을 위해 간구하는 것으로 모두가 한 몸의 지체임을 드러냈다.

적당히 흉내만 내거나 다른 사람들에게 보여주기 위해 섬기는 척을 하는 경우도 없었다. 아이들이 있는 곳이라면 아무리 먼 곳이라도 찾아가 영혼 구하는 일에 자신의 모든 것을 다 바쳤던 것이다.

이제까지 살펴본 주일학교 사역의 전략 핵심을 정리해 보자. 눈물로 시작하고, 감동으로 섬기라. 무엇보다 다음세대를 향한 사명으로 온 교회가 하나 되어야 한다. 일치된 마음으로 함께 전진하며 각자가 가진 재능과 은사들로 헌신하라. 거기에 열정을 더하라.

다시 말하지만 여기에 누군가는 불을 붙여야 한다. 자신이 속한 교회를 위해, 어린 생명들을 위해 자신의 몸을 던져 불꽃을 일으키는 심지가 되지 않겠는가. 처음에는 외로울 수도 있다. 누군가의 불평과 비난의 대상이 되는 일을 감수해야 할지도 모른다. 하지만 바로 이것이 하나님의 간절한 뜻이며 원대한 계획임을 확신한다면 결코 흔들리지 않을 것이다. 결국에는 뜻을 같이하는 동역자들을 만나 다음세대 사역이 더 큰 불길로 타오르게 할 수 있을 것이다.

3

한 아이로부터 퍼지는 복음의 확장을 기대하라

겨자씨는 아주 작은 것들의 대명사처럼 불린다. 동시에 그 왜소한 몸집에서 엄청난 세계가 창출되는 커다란 가능성의 상징으로도 여겨진다.

눈에 잘 띄지 않을 정도로 조그마한 씨앗이 4~5미터 높이가 넘는 나무로 자라고, 심지어 그 안에 새가 깃들어 살기까지 한다는 이야기는 누가 듣는다 해도 참으로 경이롭다. 그래서 예수님께서 하나님 나라의 엄청난 파급력을 겨자씨로 비유를 들어 설명하신 것이다.

누군가의 마음속에 심어놓은 겨자씨 같은 복음이 점점 무성하게 자라 꽃피우고 열매 맺는 장면을 우리는 성경 여러 곳에서 확인한다. 마찬가지로 오늘날의 지상교회에서도 그와 같은 역사들은 계속해서 벌어지고 있다. 특히 우리 교회에서는 어린아이들을 통해 엄청난 복음의 확장이 일어나는 모습을 매일 목격한다.

작은 겨자씨 하나가 큰 나무로 자라듯이

한 아이가 복음을 듣고 예수 믿게 되었다고 하자. 그러면 아이에게는 일단 부모라고 하는 가장 가까운 관계인이 존재한다. 다음으로 형제라는 관계인이 또 한두 명 있고, 친척들, 동네 이웃들, 학교 친구들까지 뻗어 가다 보면 보통 50명이 넘는 관계인들을 찾아낼 수 있다. 이들 관계인들에게 점점 복음이 퍼져 나간다면 한 아이를 통해 한 가족이, 한 동네가, 한 학교가 구원받는 역사까지 일어날 수 있는 것이다.

실제로 어린아이 하나를 전도한 결과가 마치 그 아이의 아빠, 엄마를 교회로 이끌어 온 가족이 구원받는 역사로 종종 이어진다. 성탄절 같은 경우에는 아이 하나로 인하여 가족뿐 아니라 할아버지, 할머니, 삼촌, 이모까지 그야말로 온 집안이 총 출동하는 모습도 종종 볼 수 있다. 복음을 전하기에 더할 나위 없이 좋은 기회를 얻는 것이다. 한 명 두 명 교회에 발을 딛기 시작하던 한 초등학교에서는 전체 복음화율 100%에 이르기도 했다.

우리는 이를 '겨자씨 원리' 혹은 '겨자씨 전도법'이라고 부른다. 작은 겨자씨 하나가 커다란 나무로 자라는 것처럼, 어린 생명 하나에게서 시작된 복음의 역사가 수많은 사람들 속에서 생명의 기운으로 요동치는 모습으로 부풀어 오르기 때문이다. 그래서 우리에게 아이 한 명은 그냥 한 사람으로만 그치는 게 아니라, 적어도 50명의 새 생명을 일으킬 가능성으로 보이는 것이다.

더욱이 어린아이를 구원하는 것은 그의 전 생애를 구원하는 일이다.

다시 말해 어른이 되어 예수 그리스도를 영접했을 때보다 훨씬 더 오랜 기간 복음을 전파하는 일에 자신의 삶을 드릴 수 있게 된다는 것이다. 이러할진대, 어찌 어린이 전도에 전심전력하지 않을 수 있을까.

복음의 겨자씨가 처음 자라기 시작한 곳은 바로 교사들의 마음 밭이다. 교사들은 자기의 마음 밭에서 성장한 나무들의 씨앗을 아이들의 마음 밭에 다시 뿌려준다. 그리고 눈물의 기도로 물을 주고, 감동의 헌신으로 볕을 내리쬔다. 그리하여 아이들의 마음 밭에서도 겨자씨는 쑥쑥 자라난다. 지치는 법도 없이 오로지 아이들을 위해 정성을 쏟는 교사들의 모습은 이윽고 아이들의 부모와 가족들의 마음 밭에까지 씨앗을 뿌리는 데 성공한다.

어른과 아이가 연결된 최고의 라인업

우리 교회에는 부목사가 없다. 대신 헌신된 평신도들을 주요 사역의 책임자로 세운다. 4개의 주일학교 부서에 각각 부장과 총무를 임명해 섬기도록 한다. 예를 들어, 각 부는 서리 집사 부부들이 담당하고 있는데, 남편은 부장으로, 부인은 총무로 일한다. 그냥 교사가 아니라 교회 안에서 부서 내의 아이들에게 또 다른 영적인 부모의 역할을 한다.

죽을 것처럼 바쁘다 하면서도 아이들을 위해 기도하는 시간에는 항상 빼놓지 않고 참석하고, 부서 내 아이들 전체가 마치 한 집안의 오누이처럼 서로를 보살피고 따르도록 질서를 잡아 준다. 부부간에 주요

일과가 아이들 한 명 한 명을 관리하는 일이다. 그 아이의 삶 전반을 놓고 기도하고 고민하면서, 가장 좋은 길로 인도하고자 애쓴다. 자기 부서의 구성원들에게 일어나는 모든 일들을 자신의 책임으로 여긴다.

어느 부서 총무 집사는 자신이 담당하는 초등학교 전 교생의 이름을 일일이 외우고 있다. 처음부터 일부러 암기하려 한 건 아니다. 계속 관심을 갖고 살피다 보니 1년 새 약 700명이나 되는 아이들 이름을 거의 다 뗄 정도가 되었다고 한다.

머리가 비상하기 때문만은 아니다. 학교 안의 전도 대상자들을 늘 반별로 반복해서 확인하고, 이 아이들을 위해 기도하다 보니 자기도 모르는 사이에 외워진 것이다. 결국, 자기 마음 밭에서 자라난 씨앗들을 기어이 이 학교의 모든 아이들 마음 밭에도 뿌리고 말겠다는 사명감과 깊은 애정이 이런 결과로 이어진 것이다.

덕분에 담임목사의 역할이 대단히 단순하다. 의논할 일이 있으면 주로 네 부서의 평신도 지도자들과 상의한다. 교회에 당장 처리해야 할 어떤 일이 생겼다 하면 적재적소에 필요한 인물들을 찾아내는 것도 이들의 역할이고, 교우들 전체에게 지시할 사항이 생긴 경우에도 이들을 통하면 불과 하루도 안 돼 어른들은 물론 유치부 꼬마들에게까지 완벽히 전달이 될 정도이다.

교회당 현관에 새로 유리 공사를 했다. 행여 부주의해서 아이들이 다치는 일이 없도록 하라고 미리 부장들에게 이야기했다. 그러면 각 부장들을 통하여 교사들에게로, 교사들은 학생들에게로, 학생들 중에서도 언니 오빠들을 통하여 동생들에게로 물 흐르듯 지시 내용이 전달된다. 다음날 예배 시간에 혹 철부지 동생들이 유리창 근처에 다가가기라도 할라치면, 상급 학년들이 급히 달려가 가로 막으며, "목사님께서 저 유리에 손대지 말라고 말씀하셨어."라고 일러준다.

얼마나 기가 막힌 라인업인가. 마치 잘 훈련된 부대처럼 모든 것이 일사천리로 진행된다. 가정과 가정, 어른과 아이, 멘토와 멘티가 잘 연결된 구조이다. 교회 규모가 현재의 1,000명 수준에서 앞으로 2,000명 어쩌면 3,000명 이상으로 늘어난다 해도 얼마든지 수용할 체제가 구축된 것이다. 교사들이 이처럼 훌륭하게 역할을 수행해내니 현 규모에서는 굳이 전임 사역자를 따로 둘 이유가 없었던 것이다.

거대한 숲을 이루는 날

아이들을 통솔하고 관리하는 데 더할 나위 없이 탁월한 교사들이지만, 이들에게 더 큰 자부심을 주는 다른 요인이 있다. 바로 주님께서 자기 마음속에 심어둔 겨자씨들이 키다리 나무들로 쑥쑥 자라가는 보람과 감격을 평생 만끽할 수 있다는 것이다. 주님의 동역자가 되어, 주님의 기쁨을 함께 누리는 것, 그리스도인들에게 이보다 더 큰 자부심이 또 어디에 있을까?

아이들 역시 마찬가지이다. 각자가 자신이 속한 가정과 학교를 위한 복음의 겨자씨들이다. 이 겨자씨들 속에는 예수 그리스도의 십자가, 주님의 보혈, 부활의 권능, 하나님의 은총과 사랑, 사람들을 향한 긍휼과 자비처럼 하늘 나라의 온갖 보배들이 가득하다. 그 보배를 자신의 가족과 친구들도 누릴 수 있도록 아이들은 열심히 씨앗을 퍼뜨리고 있는 것이다.

이 아이들이 자신의 학급, 자신의 학교 복음화율을 점점 높여가는 과정을 지켜보면서 우리는 거창의 새로운 미래를 꿈꾼다. 15년 만에 절반의 아이들이 예수를 믿게 되었으니, 이 아이들이 계속 자라는 15년 후에는 모든 아이들이 예수를 믿게 되고, 또 그다음 30년쯤 더 지나면 아마도 거창의 전 세대가 예수를 믿는 날이 오지 않겠는가. 겨자씨들이 거대한 숲을 이루는 그날을 꿈꾼다.

거창에서 그런 꿈을 꾸는 일이 가능하다면 대구에서는, 광주에서는, 대전에서는, 부산에서는, 서울에서는 어찌 불가능하다고 할까? 뉴욕 맨해튼이나 아프리카의 초원에서는 결코 그런 꿈이 이루어질 수 없다고 과연 단언할 수 있을까? 그렇지 않다. 남아프리카공화국 출신으로 우리 교회에 다니는 아이들이 있다. 이 아이들이 교회 아이들과 어울려 해맑게 뛰놀고, 열심히 말씀을 암송하는 모습을 지켜보며 그 어떤 차이도 느낄 수 없었다.

이처럼 다음세대가 있는 곳이라면 그곳이 어디든, 복음의 씨앗이 뿌려질 수 있다. 우리는 이 땅의 모든 다음세대들이 예수 믿기를 기대하며 오늘도 한 알의 겨자씨를 어린 영혼들의 마음속에 뿌리고 또 뿌려야 한다.

4

부모와 교사가 연합하여 힘을 모으라

B초등학교 4학년 1반에는 총 24명의 아이들이 있다. 그 중에 18명이 예수를 믿는다. 예수를 믿는 아이들 중 거의 4분의 3이 우리 교회에 나온다. 그리고 남은 여섯 명이 전도 대상자였다. 영민이, 신범이, 유경이, 현민이, 태성이, 미림이(이상 가명)만 예수를 믿으면 100% 학급 복음화가 완성되는 것이었다.

같은 반에 있는 우리 교회 아이들에게 전도 대상자를 정하게 했다. 찬송이에게는 유경이와 현민이를, 화평이에게는 태성이를, 민우에게는 영민이를 맡겼다. 그리고 만날 때마다 주지시켰다. "찬송아, 너 누구 전도해야 한다고?" 찬송이가 대답한다. "유경이랑 현민이요.", "태성이는 교회에 언제 나온대?" 이번에는 화평이가 대답한다. "조금 기다려야 해요.", "영민이는?" 민호 차례이다. "안 오겠대요. 더 열심히 기도할게요."

거의 매주 만날 때마다 확인을 하니, 나중에는 아이들뿐만 아니라 어른 성도들까지도 유경이, 현민이, 태성이, 영민이 이름을 외우다시피 했다. 마침내 찬송이가 먼저 유경이를 교회로 데리고 나왔고, 성탄절에는 드디어 현민이까지 인도하는 데 성공했다. 목표로 했던 4학년 1반 100% 복음화는 결국 연말까지 달성하지 못했지만, 80%에 육박하는 결과를 낳았다.

특히 유경이는 한 주 있다가 자기 쌍둥이 동생들까지 데리고 나왔다. 얼마 있으면 엄마까지 교회에 나올 기세이다. 마치 밭에 나가 감자순 하나를 잡아당기면, 덩굴을 따라 다른 감자들까지 줄줄이 딸려 나오는 식이다. 하지만 이러한 열매 뒤에는 아이들 못지않게 부모와 교사들의 숨은 노력이 있었다.

한 아이를 전도하기 위해

B초등학교를 담당하는 주일학교 2부 교사와 학부모들은 전도 대상자가 정해진 후 유경이의 모든 일에 관심을 기울였다. 성격이 어떤지, 무엇을 좋아하는지, 아빠 엄마는 뭐하는 분이신지 등등. 특히 유경이의 전도를 담당한 찬송이 엄마는 본인들에게도 연대 책임이 주어졌기 때문에 누구보다 열심이었다.

어느 날 B초등학교에 전도하러 나갔던 한 교사가 유경이를 먼저 알아보고 "야, 네가 유경이구나. 이제 교회에 나와야지!"라고 말했다. 처음 보는 사람이 자기를 아는 체하자 유경이는 살짝 경계를 하기도 했다. 교사와 부모들은 유경이가 거부감이 없어지도록 유경이와 더욱 친해지기 위해 열심을 다했다. 우리 교회 아이들을 통해 유경이의 생일을 알아보게 한 후, 찬송이 엄마는 당일에 친구들까지 모두 불러 피자에다 선물까지 준비하며 근사한 생일파티를 열어주기도 했다.

이런 상황에서 유경이가 학교에서 발을 크게 다쳤다고 하자, 아이들로부터 신속한 연락망이 개시되어 곧바로 교회까지 연락이 닿았다. "목사님, 유경이 발이 부러졌대요." 그 말을 듣고 부리나케 응급실로 달려갔다. 유경이를 붙잡고 위로하며 한참 기도해 주는데, 뒤늦게 유경이의 부모가 병원에 도착했다.

본인들보다 먼저 와서 다친 자식을 위해 열심히 기도해 주는 목사와 주일학교 교사들을 지켜본 부모의 마음이 어떠하겠는가? 얼마 안 돼 유경이를 필두로 가족들이 차례로 교회에 나오게 될 것은 자연스러운 수순이 아닐까. 우리 모두는 항상 이런 마음으로 사역에 임하기로 다짐하고 또 다짐한다.

철저히 '관계' 중심의 조직

거창중앙교회 유년주일학교에는 1부에서 4부까지 네 개의 부서가 있다. 4개의 부서라고 해서 보통의 교회들처럼 영아부, 유치부, 유년부, 초등부 하는 식으로 연령대에 따라 나누거나, 9시에 1부, 그리고 11시에 2부 하는 식으로 시간대별로 나누는 게 아니다. 우리 주일학교의 부서 조직 기준은 철저히 '관계'가 중심이 된다.

어떤 선생님이 혹은 어떤 친구가 전도를 해서 아이가 교회를 오게 되었느냐 하는 것이 반 배치와 부서 배치의 가장 중요한 기준이다. 그 기준에 따라 새로 나온 아이도 해당 선생님이나 친구가 속한 부서의 일원이 되는 것이다. 더 크게는 각 부서가 거창 읍내의 초등학교 하나씩을 책임지는 체제이다.

1부는 A초등학교, 2부는 B초등학교, 3부는 C초등학교, 4부는 D초등학교를 각각 담당한다. 이른바 '학교별 복음화 책임제'를 적용한 것이다. 학창 시절 한국대학생선교회(CCC) 사역을 하면서 익힌 '순모임' 체제와, 장교 시절 터득한 군부대의 라인조직 개념, 기업의 라인스텝 조직 개념을 총망라해서 여기에 가미했다.

이렇게 부서를 편성하니 학교를 전도하는 사역에 있어서 집중력과 효율성이 훨씬 높아졌다. 부서 내에 동질감이 크다 보니 단합도 잘 되고, 자기 반 친구들을 모두 예수 믿게 만들겠다는 아이들의 의욕과 동기부여 또한 강하게 나타난다. 교사들은 교사들대로 책임을 맡은 학교 사역에 몰두하면서, 해당 학교 혹은 학급 아이들의 전체 신상을 일일이 파악하는 경지에까지 오르게 된다.

각 부서의 교사들은 또 해당 학교에 재학 중인 자녀들을 슬하에 두었거나, 그런 자녀를 둔 학부모들과 긴밀한 사이이다. 그래서 각 부서 교사들은 해당 초등학교 학부모 등과 함께 앞의 유경이 사례처럼 입체적으로 전도 전략을 펼칠 수가 있다.

사실 어른들을 중심으로 교회 조직을 편성하고, 전도 전략을 세웠다면 이 같은 방식을 도입하기는 어려웠을 것이다. 설사 억지로 이런 방식을 강행한다 할지라도 효과를 거두기는 쉽지 않을 것이다. 나이가 많아질수록 오히려 주변 관계를 새롭게 형성하는 데 더 어려움을 겪기 때문이다.

어른 불신자 한 사람을 주변에서 열심히 전도하고 초청해, 한 번 교회에 발을 들였다고 치자. 그 사람이 다음 주에도 계속 나오고, 교회에 정착하게 될 확률이 현시대에 얼마나 될까? 솔직히 예측이 쉽지 않다. 대화 중에 표정이나 말하는 것으로 봐서는 꼭 다시 올 듯 보이는데, 그 이후부터 이런저런 핑계를 대며 냉정하게 발길을 뚝 끊어버리는 경우가 얼마나 많은가.

하지만 아이들은 예측이 된다. 아이들이니까 예측이 되는 것이다. 아이들은 성인들보다 복음에 대해 활짝 열려있고, 새로운 관계를 맺는 일에 대체로 어려움을 크게 겪지 않는다. 예배가 재미있다고 나오고, 좋은 친구들이 있어서 나오고, 선생님이 잘 대해 주셔서 나오고, 부모님들이 먼저 교회 다니라고 해서 나오고, 나오지 않아도 될 이유보다 꼭 나와야 할 이유가 훨씬 많다.

우리 교회 예배당은 좌석이 네 줄로 앞에서 뒤까지 쭉 이어지는 구조이다. 주일학교 예배 시간이 되면 네 부서가 각각 한 줄씩을 차지하고 앉는다. 마치 '누가 누가 더 잘하나' 시합이라도 하는 듯, 모두가 열심히 예배하고, 찬양하고, 성경 공부를 한다. 설교자도 신이 난다. 이런 풍경이 거창중앙교회뿐 아니라 지상의 모든 교회들에도 널리 퍼져나가기를 기도한다.

복음화율 100%의 고지를 향하여

"이 거창 땅에 예수 믿지 않는 어린이가 단 한 명도 없을 때까지 모든 성도는 전심을 다한다."

예배 도중에 우리 교회 주일학교 교사들과 성도들이 한 번씩 외치는 구호이다. 이 비장한 각오와 함께 거창의 어린이 복음화율은 이미 50%에 육박하여 이제 100% 고지를 향하여 달려 나아가고 있다. 그리고 이 믿음의 세대들이 거창 전체 나아가 민족과 열방을 복음화하는 날이 반드시 오기를 기도하며 열심을 다하고 있다.

악한 세대들이 독버섯처럼 퍼져 나가는 소망 없는 시대라고 말한다. 하지만 그 소망이 완전히 사라진 것은 아니다. 우리에게는 아직 기회가 남아있다. 다음세대 사역에 열정을 쏟고 헌신한다면 악한 세대는 믿음의 세대로 돌아올 것이고, 한국교회가 직면한 위기는 사실 더 큰 부흥을 위한 기회였음이 판명될 것이다. 이 현장이 그 소망의 한 증거라고 할 수 있지 않겠는가. 나아가 여러 교회들도 이 이상의 희망의 빛이 될 수 있다고 확실히 믿는다.

마음속 심지에 불을 켜자. 다음세대를 향한 하나님의 불타는 심정을 받아, 그 불꽃이 우리 안에서 활활 타오르게 하자. 그리고 자신이 살고 있는 지역의 이름을 넣어 이렇게 소리치자.

"이 ㅇㅇ땅에 예수 믿지 않는 어린이가 단 한 명도 없을 때까지 모든 성도는 전심을 다한다."

5

기도로
항상 하나님께 답을 얻어라

앞에서 이야기했듯이 나는 어릴 적 방앗간 집 아들이었고, 방앗간이 준 큰 교훈으로 지금까지 목회를 해 오고 있다. 원동기가 멈춘다면 어떤 일도 할 수 없다는 것. 성령의 능력이 하늘로부터 임하지 아니하였다면 초대교회의 역사들도, 우리나라를 비롯한 세계 곳곳에서 일어난 사도행전적 역사도 불가능하였을 것이다. 이런 역동적인 사건들은 결코 사람의 지혜나 경륜으로 만들어진 것이 아니다. 원동력은 하나님께로부터 나오는 것이다. 하나님으로부터 답을 얻고 시작한 사역에는 넘치는 힘이 있다.

거창중앙교회에도 원동력이 유입되지 않았을 때는 그 어떤 방법을 써 보아도 백약이 무효했다. 하지만 하나님의 마음이, 사람을 감화하시는 하나님의 사랑과 능력이 우리 가슴을 뜨겁게 하며 임하였을 때 마치 원동기가 힘차게 돌아가는 방앗간처럼 우리는 역동적인 공동체로 신바람나게 가동할 수 있었다.

그러므로 기도해야 한다. 결과는 거저 얻어지는 것이 아니라 반드시 대가를 지불해야 한다. 기도는 우리가 치러야 할 가장 중요한 대가이다. 하나님의 뜻을 항상 묻고, 그 뜻에 순종하는 훈련이 기도를 통해 이루어져야 한다. 교회를 움직이는 원동력은 바로 하나님께 있기 때문이다. 그 무엇보다 가장 중요한 목회의 원리는, 하나님께로부터 말미암는 원동력이다. 우리는 늘 표어처럼 말한다.

"하나님께 답을 얻는 것이 진정한 해답이다!"

기도가 시작이고, 과정이며, 결론이다

기도로 시작하고, 기도로 살고, 기도로 결론을 보아야 할 것이다. 기도하며 나아갈 때 우리는 '하나님의 영광'이라는 최종 목적지를 향해 흔들리지 않고, 지치지 않고 전진할 수 있다. 그리고 마지막 날에 '이것은 내가 한 일이 아니라 하나님께서 하신 일이다'라고 진심으로 고백할 수 있을 것이다.

우리 교사들은 아이들을 품고 오늘도 기도한다. 각자 하나님께서 자신에게 맡기신 아이들의 이름을 부르고, 그들의 얼굴을 떠올리면서 매일 같이 몇 시간씩 기도에 집중한다. 우리에게는 확실한 약속이 있다.

"그를 향하여 우리가 가진 바 담대함이 이것이니 그의 뜻대로 무엇을 구하면 들으심이라"(요일 5:14).

교회를 탐방하러 온 분들이 자주 주일학교 성장 비결을 묻곤 한다. 많은 이야기를 들려줄 수 있겠지만, 가장 먼저 할 일은 '기도'라고 말한다. 이 책을 읽는 독자들에게도 마찬가지다. 만약에 자신의 사역에 문제가 있다고 여긴다거나 아이들 때문에 힘들고, 교사들의 마음이 좀처럼 하나가 되지 않는다면 기도하라! 응답하시는 주님 앞에서 마음을 다잡고 다시 기도로 출발하라!

일당백, 일당천의 역사

거듭 말하지만 원동력은 자기 스스로의 힘에 의해 만들어지는 것이 아니라는 점을 명심해야 한다. 교회를 지탱하는 일곱 개의 기둥들이 톱니바퀴를 이루고, 그 톱니바퀴가 원활하게 돌아갈 수 있게 하는 동력은 근본적으로 하나님께로부터 나온 것이다.

또 하나는 볼록렌즈의 원리이다. 따스한 햇볕이 온 천지에 두루 내리쬐듯, 타오르는 하나님의 권능도 모든 교회에 공평하게 임한다. 목회자의 역할은 거기에 볼록렌즈를 갖다 댐으로 일어난 그 불씨가 제대로 옮겨붙도록 하는 것이다. 이리저리 흩어져있는 성도들의 마음을 한 곳에 집중시키라는 의미이다.

우리 성도들이 아무 쓸모없이 차갑게 식어버린 모습으로 제각각의 모습으로 버려두지 말아야 한다. 마치 빛을 분산시키는 오목렌즈를 들이밀 듯 큰 반응도 없는 무덤덤한 사역을 반복하거나, 반대로 욕망, 야심, 수완 같은 인간적 수단들을 이용해 불을 붙여보려는 헛수고도 삼가자.

다음세대를 향해 타오르는 하나님의 마음이, 마치 마른 장작처럼 널브러져 있던 성도들의 마음에 점화되었을 때, 교회가 세워지고 세상을 변화시키는 횃불로 타오르게 되는 모습을 보았다. 온 교회의 자원을 집중하여 다음세대를 향한 열정에 휩싸이도록 성도들 마음에 불을 붙이라. 성도 한 사람 한 사람이 일당백이요, 일당천의 용사가 되리라. 이제 곧 재림하실 예수님의 엄중하신 말씀을 잊지 말자!

"보라 내가 속히 오리니, 내가 줄 상이 내게 있어 각 사람에게 그가 행한 대로 갚아 주리라"(계 22:12).

> 탐방 교회가 들려주는

왁자지껄 거창중앙교회의 생생한 이야기

● 거창중앙교회는 단순히 교회에 다니기만 하는
아이들을 키우지 않는다 ●

대구영동교회의 거창중앙교회 탐방은 2013년 9월 8일에 실시되었다. 주일학교 개혁과 발전을 열망하는 유초등부에서 교육부장인 필자에게 몇 차례 요청했고, 결국 당회의 결정으로 성사된 것이다. 당시 영동교회 주일학교에는 1년에 10명 이상을 전도하는 교사들이 몇 명 있었다. 탐방은 이 교사들을 중심으로 이루어졌다.

주일 새벽 5시 30분에 교육위원장과 교사를 포함, 9명이 거창중앙교회로 출발했다. 서둘렀지만 시작 시각인 7시에 맞추지 못하고 10분쯤 늦게 준비 기도회에 참석했다. 우리가 도착했을 때 준비 기도회에는 이미 수십 명의 교사 및 유초등부 학생이 참여하여 '꺼병이의 눈물'이라는 동영상을 보고 있었다. 본 예배가 아니었지만 한 사람도 한눈팔지 않고 말씀에 집중하고 있었다.

요지는 이렇다. 꺼병이는 남의 밭에 가지 말라는 엄마의 말을 안 듣고 콩 맛에 빠져 남의 밭에 갔다가 주인에게 잡히고 꺼병이를 구하러 간 엄마저 잡히지만, 엄마의 기지로 탈출하여 다시 만나게 된다는 이야기다.

오늘은 예수님의 30가지 성품훈련 중 '순종'훈련이 진행된단다. 한 성품당 8주간 훈련이 실시된다. 꺼병이 스토리는 성경 말씀과 성품훈련을 연결하는 계단이다.

동영상이 끝나자 목사님께서 '자기(꺼병이)가 잡혔을 때', '엄마가 잡혔을 때', 그리고 '엄마와 만났을 때' 등 세 가지 상황에서 꺼병이와 엄마가 느꼈을 마음의 고통을 생각해 보자고 문제를 제기하신다. 또한, 그러면 우리는 부모님, 선생님, 목사님 말씀에 어떻게 반응해야 하냐는 질문이 이어진다. 그리고 목사님은 꺼병이의 불순종을 어린이들의 '게임'과 연결시켜, 말씀을 듣지 않고 게임에 빠지는 것은 '독사의 입속에 우리 머리가 들어가 있는 것'으로 어린이들의 삶을 깨우쳐 주신다. 핵심은 일상생활에서의 변화다. 거창중앙교회 예배는 이런 변화를 목표로 한다.

말씀에는 빈부의 차이도, 지혜의 차이도 없다

이렇게 행해진 것들이 그대로 9시 유초등부 예배 때 재현되었다. 준비기도회는 예행연습인 셈이다. 유초등부 예배는 당일 참석한 영동교회, 고령교회 교사들을 감동으로 몰아넣었다. 붉은색 상의를 입은 교사와 어린이들이 발 디딜 틈 없을 정도로 교회당에 가득했다. 강단에 올라온 어린이 불꽃찬양단들이 교사의 지도 아래 온몸으로 찬양과 율동을 드리자, 의자에 앉은 어린이들 역시 조금도 흐트러짐 없이 마음에서 우러나오는 율동과 찬양으로 하나님께 그들의 마음을 바쳐 올리고 있었다.

children

　무엇보다 헌신된 교사들의 진행과 순발력이 성령 충만한 예배를 뒷받침하고 있었다. 그들은 말하자면 이름 없이, 빛도 없이 예배를 위하여 섬겼다. 그 가운데 400명이 훨씬 넘는 어린 영혼들이 말씀에 녹아들었다. 어린이들 대부분은 아침에 교사들이 자신의 차로 거창 읍내는 물론이요, 심지어 인근 면단위 지역까지 직접 찾아가 태우고 온 영혼들이라고 한다.

　대체 무엇이 저들을 이토록 말씀을 사모하게 하고, 집중하게 하는가? 여기에는 빈부의 차이도, 지혜의 차이도 없었다. 사는 곳과 가정환경이 저마다 다른 아이들이 오로지 그리스도의 사랑과 성령으로 하나가 되고 있는 것이다. 목사님은 필요할 때마다 예배 속에 물 흐르듯이 스며들어, 말씀으로 어린 영혼들의 가슴을 터치하고 계셨다. 예배 전체를 총괄하면서도 존재를 느낄 수 없게 만든다고나 할까. 준비 기도회 때 보았던 '꺼병이의 눈물'이 다시 상영됐지만 반복된다는 기분보다 우리들의 영혼을 이중으로 삼중으로 촉촉이 짖어 들게 한다는 느낌이 들었다.

　예배당을 이리저리 둘러보아도 스마트폰을 만지는 어린이는 딱 한 사람밖에 확인할 수 없었다. 성령은 저런 영혼을 만져 치료하실 것이란 예감이 들었다.

삶에서 그리스도인임을 나타내는 작은 예수

　2부 시상식도 우리에게 큰 도전이 되었다. 목사님께서 강대상 앞에 서서 시상식을 진행하셨다. 이날 시상식의 하이라이트는 '특별한 선물'이었다. 무슨 내용이냐면 온 가족이 멀리 여행을 떠났는데도 서기에 따라가지 않고 혼자 남아서 예배를 드린 어린 주인공들에게 주는 선물 이었다. 목사님은 다섯 명 정도의 어린이들에게 고급 축구공을 선물하시며 격려하셨다. 놀랍지 않은가. 저 어린 영혼들이, 그것도 교회 나온 지 얼마 되지도 않은 예수님의 작은 제자들이 여러 유혹을 견뎌내고 혼자의 힘으로 예수님께 집중할 수 있다는 것이 말이다.

거창중앙교회는 단순히 교회에 다니기만 하는 아이들을 키우지 않는다. 자신을 이기고 세상을 이기는 불꽃목자, 삶에서 그리스도인임을 나타내는 작은 예수를 키운다. 교사와 학부모들은 새로 나온 아이들과 직접 연결되어 그들의 삶의 변화를 체크한다. 이런 접촉은 학교 교사와 아이의 친구들에게까지 보조적으로 연결된다. 이 변화가 아이의 부모를 그리스도인으로 변화시킨다. 현재 장년 교인들의 60%가 어린이들의 전도로 나왔다고 하니 그들의 힘이 얼마나 강력한지 짐작이 된다.

주일 낮 예배가 시작되는 10시 30분이 되자 마치 밀물이 들어오듯 앞자리부터 성도들이 차기 시작했다. 어린이와 중고등학생과 청장년들이 한 식구가 되어 예배가 시작되었다. 마태복음 6장 19~25절 본문을 가지고 '두 주인을 섬길 것인가?'라는 제목으로 목사님께서 설교하셨다. 우리는 맘몬의 영향으로 돈이면 모든 것을 해결할 수 있다고 생각하지만, 그것은 결국 빚 갚는 데 인생을 허비하게 만들고 돈에 대한 두려움 때문에 인색하게 만든다고 하셨다. 결론적으로 재물의 노예가 되지 말고, 재물을 노

예로 다스리라 하셨다. 세상에 순종하는 것이 아니라 하나님께 순종하여 돈을 다스리라는 부분이 유초등부 예배와도 연결되어 있다는 생각이 들었다.

오후 두 시에 시작되는 예배는 아이들의 오전 예배를 생활로 연결시키는 장이라고 할 수 있다. 선생님들이 저마다 프린트물을 준비하고, 각 어린이들은 오전 예배 때 배운 '순종의 삶' 적용 항목을 연필로 쓰고 크레용으로 색칠하며 점검하고 실천 의지를 다지고 있었다. 그 사이사이 간식으로 떡볶이가 주어졌다. 비싼 것도 아닌, 특별한 것도 아닌 소박한 음식이었지만 선생님과 아이들은 '일용할 양식'인 듯 소중하고도 맛있게 먹었다. 그리고 모든 것을 정리하는 것으로 예배가 끝났다.

교회가 성장하는 다섯 가지 비밀

이제 거창중앙교회에서 느낀 것들을 몇 가지 적어 보겠다. 첫째, 교사들이나 학생들이 한결같이 밝고 구김이 없다는 것이다. 그들은 어디에서 만나도 고개를 숙이고 인사했다. 다섯 번을 만나면 다섯 번, 열 번을 만나면 열 번. 그것이 참 신기했다.

둘째, 예배 중에나 행사 중에 자신을 내세우려고 하는 사람이 없었다. 그저 있는 듯 없는 듯 소리 없이 들어와서 하나가 되었다. 그들의 예배와 행사는 작은 부분들이 모여 하나의 화음을 이루는 합창이었다. 누구 하나 소리치거나 짜증 내는 사람이 없었다. 인간의 목소리가 없었다. 거기에 성령이 역사하시는 것 같았다.

셋째, 목사님의 리더십이 인상적이었다. 목사님께서도 모든 순서에 흐름을 타고 계셨다. 모든 것들을 총괄하고 계셨지만, 많이 개입하지 않으면서도 하나로 엮어가고 계신다는 생각이 들었다. 필요할 때 적절히 개입하셔서 사람들을 하나 되게 하는 리더십, 그러면서 하나님의 주파수에 예배와 행사를 맞추려는 모습이 인상적이었다.

넷째, 도처에서 볼 수 있는 다양한 교사들의 헌신된 모습이다. 거창중앙교회는 일반 교사뿐 아니라 보조 교사, 차량 교사, 기도 교사, 봉사 교사라고 명명하며 모든 성도들의 달란트를 이끌어 내고 있었다. 어떤 분은 금요일부터 주일까지 교회 주방을 책임지며 어린이들의 간식과 식사를 위해 헌신하시고, 어떤 분들은 차량으로 어린이들을 태워주신다. 또 어떤 분들은 교회 식탁과 청소를 담당하신다. 그들 모두가 교사들인 것이다.

다섯째, 이 모든 것 위에 기도의 훈련이 있다는 것이다. 매일 저녁 8시부터 10시까지 뜨거운 기도로 사역을 준비한다고 한다. 어쩌면 여기에 교회 성장의 비밀이 있는지도 모른다. 아니 분명히 여기에 비밀이 있을 것이다.

우리는 오후 5시 예배까지 참석하고 싶었지만 아쉽게도 그렇게까지는 하지 못했다. 세 차례의 예배와 식사와 교제만으로도 영혼의 만족이 넘쳐 흘렀다.

거창중앙교회 탐방 이후 영동교회 유초등부도 많이 달라졌다. 우선 어린이들의 은사 개발을 통해 앞에 나와 찬양하는 어린이 사역자를 발굴하고, 이들이 자발적으로 찬양을 이끌게 하였다. 또 말씀을 반복적으로 다져, 성품을 변화시키는 쪽으로 강화하였다. 무엇보다 달라진 점은 기도의 중요성을 깨달은 것이다. 20명 남짓하던 새벽 기도회 인원이 탐방 이후로 평균 50명 넘게 나오고 있고, 기도하는 분위기도 훨씬 뜨거워졌다. 이 지속되는 새벽 기도회의 힘으로 영동교회도 유초등부의 비전을 나날이 현실화시키고 있다.

손진은 장로 / 대구영동교회

children
교회의 미래,
어린이 안에 다 있다

이병렬 목사의
감동 코칭
Q&A

Q1
대도시의 중대형 교회를 제외하고는 대부분의 교회에서는 주일학교 사역이 축소되고 있는 실정입니다. 이때 목회자가 가져야 할 마음가짐. 특히, 소형교회나 개척교회에서 다음세대 사역을 꿈꾸는 이들을 위한 조언으로는 어떤 것이 있을까요?

A
어떤 시대 상황에서도 분명하게 잊지 말아야 할 것은 하나님의 심정은 어느 때나 동일하다는 것입니다. '다음세대를 향한 하나님의 불타는 심정'을 가슴에 담고 전심을 다하여 사역한다면 아무리 어려운 시대, 아무리 희망 없는 지역이라 해도 다음세대의 열매는 지속될 수 있다고 믿습니다. 하나님의 능력은 무한하시기 때문입니다.
목회자로서 이러한 하나님의 심정을 가슴에 담고 온 교회를 다음세대 사역에 집중했더니 대부분의 난관은 극복될 수 있었음을 말씀드립니다. 이 시대에 다음세대를 놓치면 결단코 교회의 미래는 없습니다. 누구의 힘을 빌리려 하지 말고 자신이 직접 나선다는 각오로 교회에 모든 자원을 집중하고 전략적으로 나아간다면 기적 같은 열매가 있을 것입니다.
소형교회나 개척교회는 더더욱 말할 나위가 없다고 생각합니다. 다음세대를 향한 하나님의 심정을 붙들고 모든 체제를 다음세대 사역에 집중시킨다면 하나님께서는 틀림없이 그 사역의 현장에 은혜를 베푸실 것입니다. 교회의 미래는 어린이 안에 다 있습니다.

Q2 목회자로서 어린이 사역과 장년 사역의 균형은 어떻게 이루어지는 것이 가장 바람직하다고 생각하시는지요?

A 어린이와 장년 사역의 목회적 균형은 매우 중요하다고 생각합니다. 그러나 우리 교회가 어린이 사역에 집중하게 된 것은 하나님의 명령 때문이었습니다. 다른 선택의 여지가 없었습니다. 그러나 15년 세월을 지나 보니 어린이 중심 사역 때문에 전 세대 사역을 이루게 되었다는 것을 알게 되었습니다. 처음부터 어린이 사역도 잘하고 장년 사역도 균형 있게 잘하는 것만이 최선은 아니라고 생각합니다. 시간은 좀 걸리겠지만 먼저 어린이 사역에 집중하는 것입니다. 그랬더니 어린이들로 인하여 그 가족, 일가친척, 친구들까지 전도되었습니다. 그 결과 목회에 균형이 잡혀가는 것을 확인할 수 있었습니다.

그러므로 먼저 어린이 사역에의 집중을 통하여 이루어지는 균형이 더 중요하다고 생각합니다. 목회적 균형을 이룬다고 해서 이 사역 저 사역으로 산만하게 되면 아무런 열매도 기대할 수 없을 것입니다. 경험적으로 볼 때, 어린이 중심으로, 지속적으로 끈기 있게 사역해 간다면 자연스럽게 장년과 어린이 사역에 균형을 이루게 된다고 믿습니다.

Q3 교회 내부적으로 어린이 사역에 대해서 꾸준하고 집중적인 투자가 이루어 졌다고 하셨는데, 이에 대한 자세한 설명을 부탁드립니다.
(예 : 예산, 인원 배치, 부교역자의 배치 등)

A

근본 원칙은 이렇습니다. "주일학교 관련 행사에 예산의 한도는 없다!" 단, 그 행사의 필요성과 분명한 목적을 설정하는 일이 중요하다고 강조했습니다. 예산 집행 시에도 행사 추진 단위인 각 부서별 계획을 먼저 수립하게 합니다. 그리고 총 소요 예산 중에서 자부담 부분과 교회 예산 부분을 구분하여 편성하고 자세히 점검받은 후에 시행하도록 했습니다.

초기에는 담임목사가 그 일을 맡았습니다. 그러나 오늘에 와서는 각 부서장 책임 하에 시행하고 있습니다. 다음세대를 향한 하나님의 심정이 선명하게 성도의 마음속에 자리할 수 있도록 만들어 줄 수만 있다면, 이러한 예산 사용 문제는 더욱 효율적으로 이루어 질 수 있다고 믿습니다.

성도들의 사역 배치에서도 주일학교에 우선순위를 둡니다. 각 성도들의 특별한 은사와 본인의 요구를 감안하여 적절한 교사로 배치하는 것입니다. 이 결과 80여 명의 주교사와 함께 주일 날 현장에서 뛰는 교사 수는 430여 명이 되었습니다.

부목사급 교역자에 대해서는 아직 기용한 적이 없습니다. 왜냐하면 이미 양성된 평신도 지도자들을 통해 충분히 사역할 수 있었기 때문입니다. 그러나 앞으로는 더욱 지경이 넓어질 것이기에 전문 기능을 가진 이들을 동역자로 세울 계획을 가지고 있습니다.

Q4 성도 한 사람 한 사람이 다음세대를 향한 교육에 헌신할 수 있도록 마음을 모으는 동기부여가 중요했을 텐데 이를 위해 목사님은 어떻게 하셨는지 말씀해 주세요. 성도들을 권면하고 독려하는 방법에는 어떤 것이 있나요?

A

교회에서 성도들에게 사역에 동기를 부여하도록 하는 일은 다른 방법이 없다고 생각합니다. 가장 중요한 것은 강단에서 설교할 때 이런 부분에 대하여 선명하게 강조하고 또 강조하는 것입니다. 매일 계속되는 기도회 때라도 어김없이 다음세대를 향한 하나님의 불타는 심정을 계속 반복적으로 전하는 것입니다.

그 일이 수백 번, 수천 번이 반복된다 해도 다함이 없다고 생각합니다. 그리고 교회 사정에 따라 매일 두세 번의 정한 시간에 모이는 기도회(정시 기도회), 특히 말씀이 있는 기도회를 하는 것이 중요하다고 생각합니다.

Q5 거창중앙교회에도 탈선, 학교 폭력 등의 문제 아이들이 있다면 그 아이들을 위해 특별히 교회가 어떻게 힘쓰고 있는지 알려주십시오.

A

무엇보다 그런 청소년들이 발생되기 전에 그들을 은혜의 세계 속으로 철저히 인도하는 것입니다. 그래서 어린이 불꽃목자로 양육하여 그 아이들이 한걸음이라도 곁길로 가지 않을 수 있도록 사전에 방지해야 한다고 생각합니다. 교사 양육에 먼저 집중한 것은 그 일환이었습니다. 거의 매일 밤 2시간씩 집회를 열었습니다. 이 시간에 오늘날 문명의 이기라는 것들의 해악성에 대해서 알려주는 데 주력했습니다.

특별히 인터넷 게임의 폭력성과 음란성에 대해서 세밀하게 지도했습니다. 그 결과 이러한 현실 문제에 대해 감각있는 교사들이 되었고, 그들이 맡고 있는 어린 영혼들을 철저히 지도할 수 있었다고 믿습니다. 그래서 많은 탈선을 막을 수 있었고, 탈선한 아이들이라 할지라도 다시 하나님 앞으로 인도할 수 있었다고 믿습니다.

부족한 점이 많이 있지만, 우선 교사의 마음에 뜨거운 열정과 현실 상황에 대한 식견을 가질 수 있도록 만드는 일이 바로 어린이 탈선을 방지하는 대책이 된다고 생각합니다. 그리고 끝없는 사랑입니다. 오래 참아 주는 것입니다. 모든 인간은 오랜 사랑 앞에 끝내는 무너진다고 확신합니다.

Q6 오늘날 많은 교회가 다음세대를 살리기 위해 많은 노력을 하고 있습니다. 그러나 성공보다는 실패를 거듭하다 좌절하는 상황을 만나게 되는 경우가 많은데요. 이런 현실에 부딪힌 사역자들에게 한 말씀 해 주시기 바랍니다. 또, 거창중앙교회도 지금의 모습을 갖기까지 많은 시행착오를 겪었으리라 생각되는데, 이럴 때 목사님은 어떻게 지혜롭게 나아갔는지 조언해 주시기 바랍니다.

A 실제적으로 이런 예가 있었습니다. 저희 교회에서 멀지 않은 곳에 위치한 교회 이야기입니다. 그 교회는 저희 교회를 벤치마킹하여 우리와

같이 대부분의 성도들을 교사로 훈련했습니다. 얼마 가지 않아서 열정 있는 교사들이 되었습니다. 일 년 정도 지났을 때 그 면 단위에 어린이들을 다 모았습니다. 그런데 그 후, 얼마 가지 않아서 교사들이 탈진하여 한 사람씩 교회를 떠나기 시작했습니다. 주일학교 부장을 맡고 있던 집사님께서 놀란 가슴으로 저를 찾아왔습니다. 말보다도 눈물이 앞섰습니다. 염려가 하늘에 닿은 것 같았습니다. 대책이 없다고 말했습니다.

원인이 무엇일까요? 그것은 바로 성도들에게 다음세대를 향한 하나님의 심정을 끝없이 전해 주었어야 했는데 그것이 부족했던 것입니다. 다음세대 사역에서 끝없는 열매를 맺으며 나아갈 수 있는 길은 두말할 나위 없이 전교회적 관심과 의지에 달렸다고 믿습니다. 어느 교회, 어떤 상황이라 할지라도 대책은 분명합니다. 마땅한 대가를 지불해야 한다고 생각합니다. 아마도 요행수는 없을 것입니다. 앞으로 갈 길이 구만리다 생각하고 그저 하나님의 은혜만 바라며 말씀 붙들고 전심 기도하며 여기까지 왔습니다. 앞으로도 다르지 않을 것입니다.

Q7 주일학교 성장 비결을 '기도'라고 했는데, 주일학교를 위한 기도 모임을 계획할 때, 가장 강조점을 두어야 할 것과 기도 모임의 진행 요령은 어떻게 하는 것이 좋은지요? (실제 거창중앙교회의 기도 모임을 자세하게 설명해 주시기 바랍니다.)

A 아직 저희의 모습은 하나님 앞에서 감히 드릴 말씀이 없을 만큼 부족

한 모습입니다. 하지만 더욱 분발해서 하나님의 은혜를 구하며 더욱 성장된 모습으로 나아가려고 애쓰고 있습니다.

이 '기도와 말씀' 부분은 아무리 강조해도 다함이 없습니다. 재적 1,000명을 달성하고부터 더욱 기도하라고 하시는 하나님의 감동과 함께 '빙산의 밑둥치' 원리를 깨닫게 하셨습니다. 빙산은 수면 위에 나타난 부분이 '1'이라면 그 밑둥치는 '9'입니다. 이와 같이 아무리 훌륭한 시스템과 프로그램이라 해도 그것을 수행하기 전에 그것의 9배를 먼저 쏟아 부어야 한다는 원리입니다.

그 빙산의 밑둥치는 바로 '기도와 말씀'이라고 생각합니다. 그래서 하나님께서 매일 밤 두 시간씩 근 10년 동안 목자 훈련을 하게 하셨다고 믿습니다. 또한 새벽에 2~3시간의 기도, 오전 10시 에스더기도회로 한 시간여 기도, 오후 6시에 주일학교 중고등부 기도회로 1시간의 기도, 이렇게 기도하도록 하였습니다. 그리고 '전교회 공식 기도 제목'을 명문화하여 어린이를 포함한 전성도가 시간마다 한마음 한뜻으로 읽으며 기도하도록 하고 있습니다. 또한 맡겨진 영혼의 이름이 닳도록 기도하고 있습니다. 저희 교회에서는 이와 같이 기도와 말씀으로 빙산의 밑둥치를 이루어가고 있습니다.

매일 저녁 기도 모임의 진행 요령은 밤 8시부터 25분까지 뜨겁게 찬양하고, 이후에 1시간 10분 정도 말씀을 전합니다. 그때에 말씀은 제자훈련 교재를 사용했습니다. 그러나 말씀의 결론은 항상 다음세대를 향한 불덩이 같은 하나님의 심정에 초점을 두었습니다. 이어서 10시까지 통성 기도를 하고, 다음날 새벽 기도를 기약하면서 10시가 되면 정확하게 마쳤습니다. 이 두시간 동안 하나님께서 큰 은혜로 함께하심을 보았습니다. 성도들은 이 시간에 다음세대 사역을 위한 불타는 사명으로 새롭게 무장하였고, 매일의 삶에 생기를 공급받는 의미심장한 시간이 되었습니다.

Q8 불꽃목자를 위한 프로그램에는 어떤 것들이 있나요? 특히, 중고생임에도 보조 교사로 헌신할 수 있게 하는 힘은 어디서 나오나요?

A 앞서 책의 내용에서도 일부 언급했듯이, 불꽃목자 양성을 위하여 가장 역점을 두는 것은 여름방학동안 합숙해서 강도 있게 훈련하는 '불꽃목자 수련회'라고 할 수 있습니다. 여기서 불꽃목자의 사명과 열정을 고취시키고, 인생 끝날까지 끊임없이 하나님 은혜를 생각하며 영혼사역자로 살 것을 가슴 깊이 새깁니다. 그리고 실제 영혼 열매를 맺도록 계속 독려합니다.

이렇게 훈련받은 불꽃목자들은 중고등부에 올라가서도 영혼들을 돌보는 보조 교사로 계속 봉사할 수 있게 된다고 믿습니다. 또한 일부 중고등부 학생들이 간증하는 것처럼 유년주일학교 시절에 선생님으로부터 받았던 사랑 때문에 더욱 다음세대 어린이들을 사랑하는 마음으로 교사를 자원하게 되는 것입니다.

이와 같이 어린 날에 강도 있게 영혼 사역자로 훈련하는 것과 다음세대를 향한 하나님의 불타는 심정을 실천해 가는 교사의 사랑이 또 다른 충성된 교사를 양성하는 힘이라고 생각합니다.

Q9 불꽃목자에 대해 아이들이 갖는 부담감은 없는지, 이에 대한 훈련은 어떻게 시키고 독려는 어떻게 하는지 알려주세요.

A

지금까지 말씀드린 것과 같이, 우리 교회에서 주일학교 교육의 첫 번째 목표는 '불꽃목자 양성'입니다. 끊임없이 불꽃처럼 타오르는 영혼 사역자가 되라고 강조하고 또 강조합니다. 요즘 아이들이 학교와 학원 공부 때문에 큰 부담을 가지고 사는 것이 사실이지만 그것보다도 더욱 하나님의 마음을 가슴에 담고 살도록 교육하고 있습니다.

학교 가는 목적에 대해 열심히 공부하는 것을 강조하는 만큼 학교 친구들을 전도해야 하는 전도의 중요성도 마음 깊이 심어주고 있습니다. 마태복음 6장 33절 말씀을 근거로 훈련하고 있는 것인데, 그렇게 했을 때 아이들이 매사에 하나님 중심으로 마음이 무장되는 것을 보았습니다. 그리고 학교 성적과 생활 모습에서도 부모님과 선생님 앞에서 인정받는 경우를 많이 보았습니다.

공부는 하지 않고 전도만 하는 아이들이 있을 수 있겠습니까? 하나님의 마음으로 전도하고자 하니 더욱 공부도 열심히 하고 삶의 모범을 보이게 되고, 하나님께서는 지혜의 선물도 주신다고 확신합니다. 그래서 하나님을 우선하여 생각하고 말하고 행하도록 독려하고 있습니다. 이런 것들이 현실화되게 하려고 교사들이 어린이들의 성품훈련에 더욱 집중하도록 합니다. 나아가 아이들 이름이 닳도록 기도하며 학업까지도 잘 관리해 주는 것이 필요하다는 것을 계속 강조하고 있습니다.

Q10

전도된 아이들이나 성도들을 위한 교회 정착 프로그램이 있다면 말씀해 주십시오. 또한, 겨자씨 원리처럼 아이부터 시작된 전도가 그 부모까지 확장해 나간 가정이 있다면 이 가정을 교회에서 어떻게 관리하는지 말씀해 주세요.

A 교회적으로는 '전성도 교사화'를 부르짖고 있기 때문에 우선 참된 예배자로서 예배에 참석하게 합니다. 새신자 중에는 어린이의 가족들이 많은 편인데, 이런 경우 어린이의 부모님들에게는 가능한 한 그 어린이를 책임지는 마음으로 소속된 반의 보조 교사를 하도록 권장하고 있습니다.

일단 새로운 성도님이 오시면 담임목사가 직접 '구원의 확신'을 위한 교육과 함께 말씀을 통해 은혜를 받을 수 있도록 돕습니다. 은혜를 받고 나면 사람이 확연히 변화되는 모습을 자주 보게 됩니다. 그 후에 바로 보조 교사 일을 권해도 거리낌 없이 순종하게 됩니다.

동시에, 새로운 성도님이 소속된 부서에서는 지속적으로 각종 공예배 및 교사 훈련에 참여하게 하고 자기 아이들을 따라 주일학교 예배에 참석하도록 인도합니다. 그러는 사이에 교회 교육 상황에 대해 알게 되고 자연스레 성도들간의 교제도 이루어지며 교회에 대한 애착도 생기니 정착률이 높아지는 것을 볼 수 있었습니다.

참고적으로 말씀드리면, 저희 교회에서는 수평 이동 교인은 받지 않는 것을 원칙으로 삼고 있습니다. 그래서 대부분 새가족들이 초신자이기 때문에 교회의 시스템이 그러려니 하고 잘 따라 오고 계십니다.

아울러, 이 책에 실린 거창중앙교회의 부흥 전략이 꼭 모든 교회에 딱 들어맞는 정답은 아닙니다. 이 책의 내용을 참고하셔서 각 교회가 처한 상황과 담임목사의 목회 철학에 따라 하나님께 기도하며 지혜롭게 나아가시길 바랍니다.

children
교회의 미래,
어린이 안에 다 있다

사명선언문

너희가 흠이 없고 순전하여……세상에서 그들 가운데 빛들로
나타내며 생명의 말씀을 밝혀 _ 빌 2:15-16

1. 생명을 담겠습니다
만드는 책에 주님 주신 생명을 담겠습니다.
그 책으로 복음을 선포하겠습니다.

2. 말씀을 밝히겠습니다
생명의 근본은 말씀입니다.
말씀을 밝혀 성도와 교회의 성장을 돕겠습니다.

3. 빛이 되겠습니다
시대와 영혼의 어두움을 밝혀 주님 앞으로 이끄는
빛이 되는 책을 만들겠습니다.

4. 순전히 행하겠습니다
책을 만들고 전하는 일과 경영하는 일에 부끄러움이 없는
정직함으로 행하겠습니다.

5. 끝까지 전파하겠습니다
모든 사람에게, 땅 끝까지, 주님 오시는 그날까지
복음을 전하는 사명을 다하겠습니다.

서점 안내

광화문점 서울시 종로구 새문안로 69 구세군회관 1층
02)737-2288 / 02)737-4623(F)

강남점 서울시 서초구 신반포로 177 반포쇼핑타운 3동 2층
02)595-1211 / 02)595-3549(F)

구로점 서울시 동작구 시흥대로 602, 3층 302호
02)858-8744 / 02)838-0653(F)

노원점 서울시 노원구 동일로 1366 삼봉빌딩 지하 1층
02)938-7979 / 02)3391-6169(F)

일산점 경기도 고양시 일산서구 중앙로 1391 레이크타운 지하 1층
031)916-8787 / 031)916-8788(F)

의정부점 경기도 의정부시 청사로47번길 12 성산타워 3층
031)845-0600 / 031)852-6930(F)

인터넷서점 www.lifebook.co.kr